Lean Management im Einkauf und Beschaffung
Definieren, aufzeigen und praxisgerecht umsetzen

Lutz Schwalbach

Lean Management im Einkauf und Beschaffung

Definieren, aufzeigen und praxisgerecht optimieren
Inklusive schnellem Umsetzungsplan

Mit über 20 Tabellen und 60 Abbildungen

Veröffentlichungen

Lutz Schwalbach: Verbessern der Lieferzuverlässigkeit als Lean Management und Six Sigma Projekt: Mit praxisorientiertem 120 Seiten Beispielprojekt, BoD Verlag, Norderstedt, 2015, ISBN 978-3734776830.

Lutz Schwalbach: Liefertreue und Lieferpünktlichkeit, BoD Verlag, Norderstedt, 2015, ISBN 978-3734777875.

Lutz Schwalbach: Bestands- und Vorratssenkung, 2. Auflage, BoD Verlag, Norderstedt, 2013, ISBN 978-3-8334-6715-8.

Lutz Schwalbach: Auswahl, Auslistung und Eliminierung von Artikeln. Methode zur Sortimentsoptimierung mit Gewinnmaximierung, BoD Verlag, Norderstedt, 2013, ISBN 978-3-8423-7825-4.

Lutz Schwalbach: Ein interkulturelles deutsch-indisches Projektteam, BoD Verlag, Norderstedt, 2011, ISBN 978-3-8423-2648-4.

Lutz Schwalbach: Die Bedeutung kommunikativen Kompetenz für Vertriebsingenieure, Grin Verlag. 2006. ISBN 978-3-6401-2617-0.

Lutz Schwalbach: Analyse Expedia.de. Grin Verlag. E-Book. 2006. ISBN 978-3-6385-2142-7.

Lutz Schwalbach: wt Werkstattstechnik, Das weltweite Jahr-2000-Problem, Mai 1999, S. 208.

Lutz Schwalbach: wt Werkstattstechnik, Liefergrad, Kapitalbildung und Auslastung, April 1997, S.142.

„Eine Veränderung bewirkt stets eine weitere Veränderung und eine Veränderung gibt immer Anlass zu weiteren" (Niccoló Machiavelli, 1469-1527).

Der Autor

Dipl. Ing., Dipl. Wirtsch. Ing. (FH), MBA Lutz Schwalbach.

Erststudium: Allgemeiner Maschinenbau, Produktionstechnik
Berufsbegleitend Wirtschaftsingenieurwissenschaften und Erwerb des Master of Business Administration
25 Jahre Berufserfahrung als Führungskraft in der Beschaffung und dem Supply Chain Management

Als Manager mit profit & loss Verantwortung deckt er ganzheitlich die materialwirtschaftlichen Belange eines Unternehmens von der Arbeitsvorbereitung, Disposition, Fertigungsplanung- und Steuerung, Produktionsleitung, strategischem und operativem Einkauf, Qualitätswesen bis zur Sortimentspflege ab.

Profunde Erfahrung im Lean Management, Six Sigma (black belt), Supply Chain Manager DLA, REFA, QMB, im interkulturellen Arbeiten und dem Projektmanagement.

Geprägt aus den unterschiedlichsten Stationen seines Arbeitslebens, formuliert er für sich die Arbeitsthese:

„Früher lag das Geld im Einkauf, heute im Prozess"
und „Sie steuern den Prozess".

Aktuell arbeitet er als Einkaufsleiter für den Technologie- und Weltmarktführer in der Pressen- und Umformtechnik, davor in national und international geprägten Unternehmen der Branchen Elektrotechnik, Baustoff, Handel und der Industrie.

Besuchen Sie mich auf URL http://www.xing.com/de

Lean Management im Einkauf und Beschaffung

Meine Arbeit und Ausführungen können niemals vollständig sein. Sie erfüllen aber den Anspruch, Hinweise und Voraussetzungen aufzuzeigen, um einen Lean Management Gedanken im Einkauf und der Beschaffung erfolgreich einzuführen.

Die folgenden Ausführungen wurden nach bestem Wissen und Gewissen erstellt. Der Autor schließt jede Haftung und Gewähr aus.

Impressum:

Copyright 2017 Lutz Schwalbach

Illustration: Lutz Schwalbach

Deckblatt Foto: Fotolia URL https://de.fotolia.com/id/89871457

Herstellung und Verlag: BoD - Books on Demand, Norderstedt.

ISBN-13: 978 3743 1649 63 / 2. korrigierte Auflage (Sep. 2017)

Alle Rechte, insbesondere das Recht der Vervielfältigung ı breitung, sowie das Recht der Übersetzung, vorbehalten.

Bibliografische Information der Deutschen Nationalbibliothek:

Die Deutsche Nationalbibliothek verzeichnet diese Publikation in der Deutschen Nationalbibliografie; detaillierte bibliografische Daten sind im Internet über http://dnd.dnd.de abrufbar.

Inhaltsverzeichnis

1. Die Einführung 7
    1.1. Die Aufgabenstellung 7
    1.2. Die Problemstellung 12
    1.3. Die Ziele 14
    1.4. Die Vorgehensweise 17
    1.5. Die Abgrenzung 19
2. Die Begriffsklärung 20
    2.1. Das Taylor Prinzip 20
    2.2. Das Lean Management Prinzip 22
    2.3. Die Voraussetzungen 27
    2.4. Die sozialen Kompetenzen 29
    2.5. Die Zielkonflikte und Erfolgsfaktoren 31
    2.6. Die Störfaktoren 34
    2.7. Die Merkmale eines Lean Unternehmens 36
3. Die Planung der Umsetzung 39
    3.1. Die organisatorische Umsetzung 39
    3.2. Die menschlichen Anforderungen 42
    3.3. Die methodische Umsetzung 46
    3.4. Die motivierte Umsetzung 52
    3.5. Die Vorteile 54
    3.6. Das Projektmanagement 56
    3.7. Die Zusammenfassung der Umsetzungsplanung ... 59

- 4. Einführung Lean Management in der Beschaffung 60
  - 4.1. Der Ablaufplan 60
  - 4.2. Das Modellunternehmen 61
  - 4.3. Die Klärung der Kunden- und Qualitätserwartung 63
  - 4.4. Die Aufbauorganisation des Einkaufs 64
  - 4.5. Das Team Building 69
  - 4.6. Der EDV automatisierte Einkaufsprozess 73
  - 4.7. Der sichere EDV Betrieb im Einkauf 79
  - 4.8. Das Abgeben der Nicht-Einkaufstätigkeiten 83
  - 4.9. Der Einkaufsprozess 86
  - 4.10. Die Diskussion des Einkaufsprozesses 91
  - 4.11. Die neue Lean Einteilung im Einkauf 108
  - 4.12. Der vorübergehende Lean Ablauf und Organisation 117
  - 4.13. Der Umgang mit Störungen 119
  - 4.14. Die Lieferanten- und Produktintegration 121
  - 4.15. Der schnelle Lean Umsetzungsleitfaden 123
  - 4.16. Das Target Costing 125
- 5. Die Zusammenfassung 128
- 6. Die Verzeichnisse 132
  - 6.1. Das Literaturverzeichnis 132
  - 6.2. Das Abbildungsverzeichnis 137
  - 6.3. Das Tabellenverzeichnis 139
  - 6.4. Die Abkürzungen 141

Definieren, aufzeigen und praxisgerecht umsetzen

1. Die Einführung

Nichts muss bleiben wie es war. Eine neue Lean Management Arbeitsorganisation wird kommen.

1.1. Die Aufgabenstellung

In meinem beruflichen Wirken als Arbeitnehmer oder Berater im Tätigkeitsschwerpunkt strategischer und operativer Einkauf, Supply Chain Management und der Prozessanalyse, lassen sich, die an mich angetragenen Themenstellungen interessanterweise meist auf drei ganz einfache Schlüsselworte/ KPI´s [1] vereinfachen.

- Dem Ressourceneinsatz aus Sicht der betrieblichen Kalkulation in einer Währungseinheit
- Der Vorratsbestand, gemessen in einer Währungseinheit, Anzahl Lagerplätze und Volumen mit Ort und Risikoübergang
- Die Durchlaufzeit, von Anbeginn bis Ende einer Aktion gemessen in einer Zeiteinheit

Abbildung 1: Drei Schlüsselwörter

Die Durchlaufzeit beschreibt die gesamte Zeitspanne von Beginn einer Aktion (z.B. erste Materialentnahme/ Bereitstellung) bis zum Abschluss einer Aktion (z.B. Produktionsende) mit einem Gutstück. Sie ergibt sich aus der Summe aller Teilzeiten, wie SAP Datenpflege, Rüsten, Warten, Liegen und Lagern, Reifen etc…

---

[1] *KPI´s: Key Performance Indikatoren = Kennzahlen*

Interessant sind eigentlich die Verhältniszahlen. Teilt man die reinen Bearbeitungszeiten durch die gesamte Durchlaufzeit, so erhält man in der Regel eine Quote von kleiner als 5%.

Dies will sagen, dass die eigentliche Bearbeitung (= der Zeitanteil, welche der Kunde eigentlich bereit ist zu bezahlen!) minimal ist zur Durchlaufzeit. Ursachen der 95% Restzeiten begründen sich in der Regel durch Qualität der Arbeitsplanung, unausgeglichene Kapazitäten, Eilaufträgen oder Reparaturen/Ausschuss.

Um die Taktung, Sequenz oder Ablauffolge aus externer Kraft zu verbessern, ist eine unverzichtbare Voraussetzung die Forderung nach Lieferzuverlässigkeit und Lieferpünktlichkeit an die internen und externen Lieferanten. Darauf aufbauend sind weitere Entwicklungen und Verbesserungen erst möglich.

Betrachtet man die interne Sicht eines Unternehmens um die Taktung, Sequenz oder Ablauffolge zu verbessern, führt es schnell zu der Forderung nach schlanker, schneller und effizienter Prozesserbringung durch die zuständige Abteilung. Um die geforderte Prozessleistung wirtschaftlich zu realisieren, führt kein Weg an den Methoden eines Lean Managements als einer unverzichtbaren Voraussetzung vorbei.

Nehmen wir die letztgenannten und kausalen Argumente

- Bearbeitungszeit 5% und 95% Warte- und Ruhezeiten
- Forderung nach schlanker, schneller und effizienter Prozesserbringung

als Verbesserungsprojekt an, so haben wir die Voraussetzungen für ein Lean Projekt begründet, die lauten:

- 95% Ruhezeiten = Verschwendung ➔ Lean Management Gedanke (vermeide Verschwendung)

Definieren, aufzeigen und praxisgerecht umsetzen

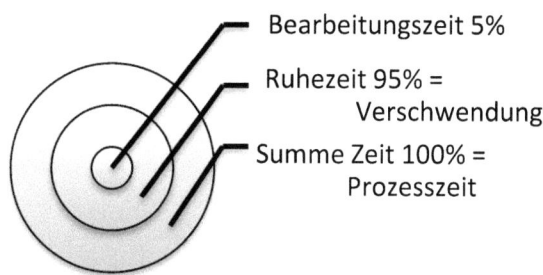

Abbildung 2: Die Summe der Prozesszeiten

Erweitert man den Gedanken auf den Beweggrund einer industriellen Geschäftstätigkeit, so ist deren Sinn darin begründet, einen Gewinn zu erzielen. Als Messgröße wird die Rentabilität des Unternehmens, des Segmentes und des Centers/ Abteilung gemessen.

Abbildung 3: Der Sinn eines Unternehmens

Gewinne zu erzielen ist nicht selbstverständlich, gerade in Zeiten eines wirtschaftlichen Abschwungs oder erstarkender Wettbewerber. Der Markt ist nach Porter[2] in Rivalität, und die „Wettstreiter sind hungrig".

Mit dem Ansteigen des Drucks auf das Unternehmen und den hohen sozialen Errungenschaften in einem Land wie Deutschland, müssen die Errungenschaften wie 30 Tage Urlaub, Hochlohnland, Kündi-

---

[2] *Anmerkung: Michael E. Porter amerikanischer Ökonom und Hochschullehrer für Wirtschaftswissenschaft. Er arbeitet am Institute for Strategy and Competitiveness der Harvard Business School. Er stellte das Modell der fünf Wettbewerbskräfte in dem Buch „Competitive Strategy: Techniques for Analyzing Industries and Competitors" erstmalig vor.*

Lean Management im Einkauf und Beschaffung

gungsschutz und hohe Personalnebenkosten mit erwirtschaftet werden.

Auf der Seite der Arbeitnehmer stehen aber die Motive soziale Sicherheit, stabile und steigende Löhne und attraktive Freizeitgestaltung im Vordergrund. Auf der anderen Seite verkörpern Sie als kommerzieller Kunde die für Unternehmen bedrohliche Einstellung, dass eine Kaufentscheidung auf Basis des Preis-Leistung-Verhältnisses begründet ist und bestätigen somit das unternehmerische Interesse an Kostenreduktion und wettbewerbsfähigen Preisen.

Abbildung 4: Der Zwang zur Kostenreduktion

Mit zunehmendem Wachsen der Bürokratie in den Unternehmen wurde die Anzahl der Abteilungen und Stäbe immer größer. Dies hat zur Folge, dass die Entscheidungswege immer länger, zeitintensiver und von dem Ort der Leistungserstellung entkoppelt wurden. Das Unternehmen wird überladen mit Over Head Kosten.

Dies lässt sich in großen Materiallägern, überqualifizierten Mitarbeitern, Arbeitsstäben und Sekretariaten, dem Anteil an nicht produktiven Mitarbeitern und einer sich einstellenden unternehmerischen Trägheit fortsetzen.

Wen wundert es, dass der Ursprung des Lean Management in Japan liegt. Wer einmal für längere Zeit in Japan war, so wie ich im Sommer 2016 in Fukuoka, wird schnell einen Japaner folgendermaßen beschreiben:

Der Japaner ist einfach und hat einen Hang zur Miniatur (vgl. Bonsai). Er ist respektvoll und höflich, ein außerordentlich guter Zuhörer. Weiterhin ist er bescheiden und weist eine hohe Loyalität und Bindung an seine Mikroorganisation auf und erachtet das Unternehmen als Teil der Familie. Gerade dieser genetische Drang zum Miniatur findet sich in den Lean Gedanken der Verschwendung an Raum, Zeit und Ressourcen wieder.

Was wir von den Japanern lernen können? Abweichend zu der intrinsischen japanischen Grundeinstellung finden wir in „noch nicht Lean Management Fabriken" folglich die verschwenderischen Gegenteile wie Macht und Gier, Protz und Mauern.

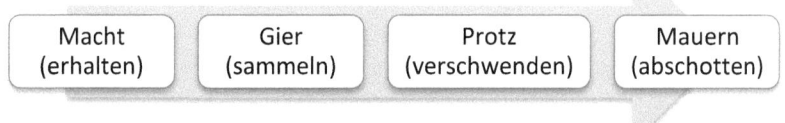

Abbildung 5: Die vier Drachen der Verschwendung

Die Japaner nutzten als Erste die Chance, welche aus den qualifizierten und loyalen Mitarbeitern hervor geht. Ihre Mitarbeiter wurden über

- job enrichment (Bereicherung), job enlargement (Erweiterung) und job rotaton (Rotation)
- flexibler einsetzbar und erhielten tiefe Einblicke in den Gesamtprozess.

Dies machte die japanischen Arbeiter wiederum für den Unternehmer zuverlässiger, flexibler und zu perfekten Problemlösern. Die Ausfallsicherheit und das Risiko der einzelnen personenbedingten Störung wurden zusätzlich drastisch reduziert.

Dies führte schließlich zum Erfolg, welcher mit dem Toyota Prozessmodell einen Platz in der Geschichte der Unternehmensführung fand. „Was Lean Unternehmen auszeichnete, ist die außerordentliche Beständigkeit, mit der alle eigenen und fremden Ideen, Methoden und Strategien zur Steigerung der eigenen Leistungsfähigkeit in die Tat umgesetzt werden. Denn das Konzept des Lean Management, was jeden Mitarbeiter als Quelle und Inspiration der Verbesserung sieht und auffordert Verbesserungen einzubringen" (Bösenberg Dirk, 1993, S. 13ff) entfachte die Mitarbeiter.

Lassen Sie sich leiten von der Vision **„Wir brauchen von allem nur die Hälfte"** und handeln Sie rational nach dem kritischen Empirismus von Karl R. Popper[3], welcher „alles in Frage stellte".

1.2. Die Problemstellung

Das Unternehmen hat die Aufgabe Gewinne zu erwirtschaften. Alles andere wäre nur ein unnötiger Geldwechsel. Dazu hat es Aufbauorganisationen und Ablaufprozesse geschaffen, welche den Unternehmensbetrieb sichern und betreiben. Alles ist in der Organisation geregelt, sei es durch Anweisungen, Führungskräfte oder „weil es immer schon war so".

Typische Verhaltensmuster eines nicht Lean Unternehmens zeigen sich häufig an folgenden Merkmalen:

- Man will unabhängig von Dritten sein und produziert viele Teile selbst.
- Man ist mit sich selbst beschäftigt und nimmt den Markt als Bedrohung durch die Marktteilnehmer nur vermindert wahr (vgl. Michael E. Porter Wettbewerbsmodell).
- Man erzeugt eine breite Aufstellung von Gütern und bedient eine Vielzahl an Kunden und Märkten, anstelle sich auf Kernbereiche zu konzentrieren und unnötigen Ballast abzuwerfen.

---

[3] *Anmerkung: Karl Raimund Popper (1902 -1994) war ein Philosoph. Er widmete sich in seinen Arbeiten der Erkenntnis- und Wissenschaftstheorie, der Sozial- und Geschichtsphilosophie und begründete den kritischen Rationalismus.*

Definieren, aufzeigen und praxisgerecht umsetzen

- Man verfügt über Hierarchien und Entscheidungswege, welche den Kopf des Unternehmens immer weiter von der Leistungserstellung entkoppeln und zeitlich versetzen.

Um wirtschaftlich erfolgreich ein Unternehmen zu führen, muss dessen Rentabilität erarbeitet werden.

- Dazu ist eine Leistung zu erzeugen, welche auf dem Markt verkaufbar ist (Preis-Leistung).
  Erfüllt das Produkt die Anforderungen oder Erwartungen des Kunden, wird der Kunde kaufen und dem Unternehmen treu bleiben. Diese Bindung erhöht sich, wenn das Produkt die Erwartungen sogar nützlich übererfüllt.
  Aber umgekehrt steigt der Kunde wahrscheinlich auf ein Produkt der Konkurrenz um, wenn seine Erwartungen unerfüllt bleiben.
- Kapital, Maschinen und Mitarbeiter sind einzubringen, welche die Leistung erzeugen.
  Der Mitarbeiter strebt nach einem sicheren Arbeitsplatz und Lohn, verbunden mit dem menschlichen Streben nach einer harmonischen und zufriedenen Zusammenarbeit.

Folglich wäre zu empfehlen, dass sich das Unternehmen am Kundenwunsch orientieren und leiten lässt, aber seine wirtschaftlichen Belange und Kosten im Blick behält. Das Produkt oder die Leistung befriedigt überwiegend die Bedürfnisse der Kunden, nicht das Unternehmen in seiner Aufstellung und Aktion.

Mit der Einführung des Lean Managements durch die Japaner erfolgte eine Neuorientierung der Unternehmensausrichtung. Das Prinzip war einfach und klar, auch keineswegs überraschend. Lediglich die Konsequenz, mit welcher japanische Unternehmen es umsetzten, führte zu Verwunderung.

- Das Prinzip einer einzigen Frage: Wofür zahlt der Kunde?
- Bezahlt der Kunde für diesen Arbeitsschritt/ -prozess?

Lean Management im Einkauf und Beschaffung

Abbildung 6: Das Prinzip einer Frage.

Die Ergebnisse waren überzeugend. So stammte die letzte grosse Optimierung aus den Weiterentwicklungen des Taylorismus nach Frederick W. Taylor[4] (1856-1915), Prinzip der Arbeitsteilung und Prozesssteuerung, sowie der Fließbandfertigung der Henry Ford[5] Werke und nachfolgenden Automatisierung.

Die Überraschung kam im Kennzahlenvergleich der US Automobilindustrie zu der Japanischen Automobil Industrie, welcher in MIT Studien zum Produktionsvergleich veröffentlich wurden.

- Die Anzahl der in der Produktherstellung gemachten Fehler per Erzeugnis halbierte sich (-50%).
- Eine damit verbundene Kostenersparnis führte zu mehr Qualität und widerlegte das Dogma „Qualität hat ihren Preis".
- Der Verbrauch an Ressourcen wie Raum (30-50%), Maschinen (30%) und Mitarbeiter (25%) reduzierte sich erheblich.

1.3. Die Ziele

Um weiterhin als Unternehmen am Markt etabliert zu bleiben und Gewinne zu erzielen, wurde ein vorrangiges Ziel, Kosten zu senken.

---

[4] *Anmerkung: Frederick Winslow Taylor (1856 –1915), Amerikaner. Er gilt als der Erfinder des Prinzips einer Prozesssteuerung von Arbeitsabläufen, welche durch Arbeits- und Zeitstudien gestützt wurden.*
[5] *Anmerkung: Henry Ford (1863 -1947) gründete den Automobilhersteller Ford Motor Company. Mit seinem Namen ist die Perfektionierung und Mechanisierung der Fließbandfertigung im Automobilbau verbunden.*

Definieren, aufzeigen und praxisgerecht umsetzen

Die Zielerreichung ist nach der klassischen Lehre der Betriebswirtschaft (Bruhn, 1999, S. 41-62) gegeben durch:

- Mehr verkaufen (Menge), mehr erlösen (Preis) oder Kosten reduzieren.

Fallen die Maßnahmen mehr verkaufen, beispielsweise durch Werbung, und mehr erlösen durch Preisanpassungen weg oder sind in ihrer Wirkung beschränkt, so werden direkte Kosteneinsparungen in der Abwicklung der unternehmensinternen Prozesse interessant.

Der Gewinn (Rendite) als Zielkriterium, das Streben nach dem maximalen Gewinn und die Langfristigkeit der Gewinnmaximierung (Huch, 1970, S. 72) unter Betrachtung des Produktangebots, leiten diese Herangehensweise. Gewinnoptimal, das heißt, maximaler Erlös zu minimalen Kosten.

Abbildung 7: Beitrag des Lean Managements am Erfolg

Aus der Sicht des Autors leistet das Lean Management gerade in der Anpassung der Organisationskosten einen deutlichen Beitrag zur Gewinnmaximierung des Unternehmens, denn die Mitarbeiterkosten sind leider ein treibende Faktor der Prozess- und Gemeinkosten für ein Unternehmen.

In Kapitel drei wird eine Vielzahl von vorteilhaften Ansätzen für die Lean Ausrichtung der Beschaffung ausgeführt, welche sich in der gesamten Prozessverbesserung für das Unternehmen auswirken. Die bekannte Lehren und Methoden zur Lean Management Prozessverbesserung sind unter anderem verbreitet unter den Schlagworten[6] wie Kaizen, continues flow, lean management, Kanban und total quality management. Alle Werkzeuge und Methoden zielen auf die Reduktion der direkten und indirekten Kosten einer Leistungserstellung durch Vereinfachung oder Vermeidung von Verschwendung. Die anteilig enthaltenen Zusatzkosten werden allgemein als Komplexitätskosten bezeichnet. Diese sind nicht direkt einem Erzeugnis zuzuordnen und werden in Unternehmen erst analysiert, wenn sie „ausufern".

Geschätzt betragen die Kosten der Komplexität circa 15% der Gesamtkosten in der fertigenden Industrie, oder je nach Branche gelten 10-30% der Fixkosten als Komplexitätskosten oder beim PKW Hersteller 8,5 % (Huch, 1970, S. 84). Weiterhin konnte in den MIT Studien nachgewiesen werden, dass der Verbrauch an Ressourcen, wie Raum (30-50%), Maschinen (30%) und Mitarbeiter (25%) sich durch die Lean Management Methodik erheblich reduziert und eine damit verbundene Kostenersparnis sogar zu mehr Qualität führte.

Solche gewaltigen Kosteneinsparungen, begründet im Abbau der Verschwendung und Komplexität, waren Motivation und Ansporn für den Autor, an einem Buch zum „Lean Management im Einkauf und Beschaffung" zu arbeiten.

Mit diesem Buch erhält der Leser einen praxisorientierten Handlungsweg, welcher nicht allgemein das Lean Management beschreibt, sondern einen speziellen Lean Management Exkurs für Einkauf und Beschaffung. Unabhängig von der aktuellen Unternehmensstrategie leiten die Ausführungen den Leser zu einer Konzentration auf den Beschaffungsprozess und dessen effiziente Leistungserbringung.

---

[6] *Anmerkung: Aufzählung ist nicht vollständig und nicht abschließend.*

Kommen Sie ins Handeln! Überlegen Sie, was für das Unternehmen (Abteilung) am besten ist. Nehmen Sie die Rolle des Geschäftsführers für sich ein und beschreiben Sie den richtigen Weg.

Junge starts up´s und Neugründer machen es vor, denn wie Henry Ford I bereits weitblickend sagte:

„Es gibt mehr Leute, die kapitulieren, als solche, die scheitern."

1.4. Die Vorgehensweise

Der Aufbau des Buches ist in fünf Kapitel unterteilt und leitet den Anwender und Praktiker strukturiert zum Ziel.

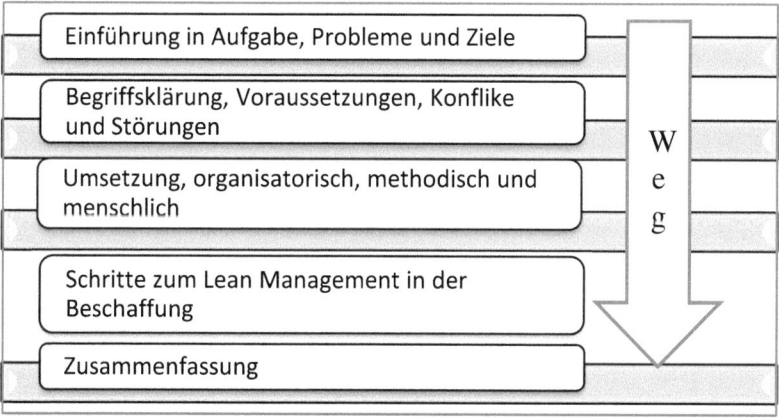

Abbildung 8: Der Aufbau des Buches

Nach einer obligatorischen theoretischen Einführung in das Thema Lean Management beginnt das Werk mit der Begriffsklärung und Abgrenzung zu weiteren Themen der Beschaffung.

Mittels der Begriffsklärung zum Thema Lean Management werden die Voraussetzungen gelegt um die sozialen Kompetenzen der Mitarbeiter originär zu bearbeiten. Die Einführung in die Zielkonflikte und Störfaktoren einer Lean Einführung geben dem Leser eine Prävention, Vorbereitung und Lean Fakten auf die aufkommenden Abstimmungen und Diskussionen.

Schwerpunkt des Buches ist die Umsetzung und praxistaugliche Einführung einer dauerhaften Verbesserung. Die saubere und qualifizierte Vorbereitung der Umsetzung legt die notwendige Basis für eine erfolgversprechende Einführung. Darauf aufbauend können nachhaltige Veränderungen im Rahmen des Lean Management fruchtbar und konsequent umgesetzt werden.

Inhaltlich und formal basiert die vorliegende Arbeit auf folgenden Vorgehensweisen und Strukturen:

- Die Erarbeitung basiert u.a. auf der Auswertung bekannter Literaturquellen, gängiger Methoden und Erfahrungen aus der Praxis.
- Die Ergebnisse erfolgen als Vorschlag einer strukturierten Methodik.
- Die gewonnenen Ergebnisse sollten auf betrieblicher Ebene einem Sachbearbeiter/-in vermittelbar sein.
- Die Arbeit erhebt keinen Anspruch auf Vollständigkeit.
- Es ist nicht Anliegen des Autors, einmalig und rasant das Lean Management einzuführen.
- Schwerpunkte der Lösungen sind in der Beschaffung machbare Lösungen.
- Es ist nicht Ziel und Zweck des Buches, höhere mathematische Zusammenhänge zu bearbeiten oder mit Komplexität zu brillieren.
- Dem Autor ist durchaus bewusst, dass es nahezu unmöglich ist, das optimale Lean Management in der Beschaffung zu erlangen und dass manches einen Kompromiss verlangt.
- Die verwendeten Bilder sind beispielhaft und wurden aus Gründen des Urheberschutzes überwiegend aus Microsoft Clip Arts und Smart Arts vom Autor erzeugt.

Letztendlich ist jede Verbesserung nur eine zeitlich limitierte Stufe, bis zu einer weiteren Verbesserung.

Erfolg ist der wahre Feind der Veränderung.

1.5. Die Abgrenzung

In dem vorliegenden Werk geht es inhaltlich um das Lean Management im Einkauf und der Beschaffung. Nicht Inhalte der Arbeit sind:

- Ausarbeitungen zur der theoretischen Methodenlehre des Lean Managements
- Die Sortimentspolitik oder die Anpassung des Produktportfolios
- Die strategische Unternehmenspolitik
- Die Lagerung und der Transport
- Das Aufzeigen der monetären Auswirkungen
- Die Umsatzorientierung oder deren Maßnahmen
- Die Durchführung der Team und Lean Qualifizierung der Mitarbeiter
- Der praktische Nachweis des Arbeitsergebnisses
- EDV-technische Lösungen, getreu dem Motto: „Ein Computer ersetzt keine Organisation".
- Kurzfristig und schnell das Lean Management im Einkauf und Beschaffung einzuführen
- Höhere mathematische Zusammenhänge

Lean Management im Einkauf und Beschaffung

2. Die Begriffsklärung

2.1. Das Taylor Prinzip

Mit dem Aufkommen der Rationalisierung der Arbeitstätigkeiten führten die Studien und Lehren von Frederick W. Taylor (1856-1915) zum Prinzip der Arbeitsteilung. Dies war ein Bruch mit der damals bekannten handwerklichen Fertigung, nach welcher ein Geselle ein Gewerk gesamt fertigt. (Pfeiffer Werner, 1992, S. 20ff).

Taylor leitete seine neue Prozesssteuerung an der effizienten Gestaltung eines Arbeitsprinzips ab. Nach seiner Vorstellung konnte man jede Tätigkeit in ihre Einzelschritte zerlegen und in Aufwand und Output optimieren. Um eine effiziente Abgrenzung und Zuweisung des Arbeitsteilschrittes zu finden, bedarf es einer Voraussage der dazu notwendigen Teilezeit. Diese Lehre führte u.a. zu den Methoden des Arbeitsstudiums als Systeme vorbestimmter Zeiten oder der Ist Zeitaufnahme (vgl. REFA[7], MTM).

Mit der Einführung einer Planungsabteilung, der Standardisierung der Werkzeuge und der Normierung der Arbeitsschritte und der Neuanordnung der Maschinen entstand ein neuer optimaler Arbeitsfluss in der Serienfertigung. Spätere Weiterentwicklungen in Form der Akkordentlohnung brachten weitere Steigerungen der Leistungserstellung im Verhältnis zum Ressourceneinsatz.

Taylor legte somit das wissenschaftliche Prinzip zu einer Massenfertigung, welche zu seiner Zeit in den Ford Werken verwirklicht und mit der Einführung der Automatisierung (Mechanisierung) weiterentwickelt wurde.

- Taylor => Standardisierung der einzelnen Arbeitsleistung => Effizienter Fluss

---

[7] *Anmerkung: REFA ist die Abkürzung für Verband für Arbeitsgestaltung, Betriebsorganisation und Unternehmensentwicklung in Deutschland. MTM (methods-time measurement) bezeichnet im Arbeitsstudium die Methode der System vorbestimmter Zeiten.*

Definieren, aufzeigen und praxisgerecht umsetzen

- Ford => Standardisierung und Automatisierung der einzelnen Arbeitsleistung => noch effizienterer Fluss

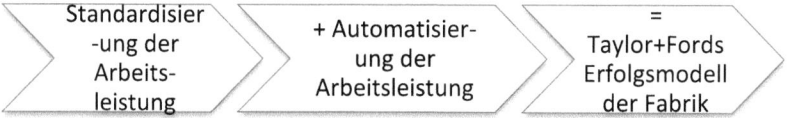

Abbildung 9: Entwicklung des Prinzips der Arbeitsteilung

Im Grundsatz wurde die Arbeit nach Taylor in ausführende (handeln) und planende (denken) Arbeit getrennt. Die Arbeiter und später Maschinen vollbrachten einzelne Arbeitsschritte (Spezialisierung), welcher einer zentralen Steuerung folgte (Takt und Zeitwirtschaft).

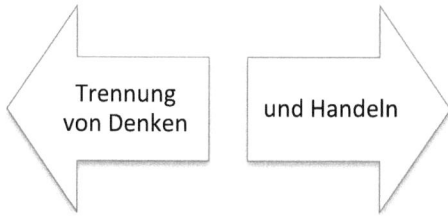

Abbildung 10: Die Problem des Taylor Prinzips

Ordnet man den Ansatz in die Zeitgeschichte der zwanziger Jahre ein, so war ein Heer ungelernte Arbeitskräfte und die Weltwirtschaftskrise üblich.

Mit dem geringen Bildungsniveau der Arbeiter hatte Ford ein Prinzip gefunden, die Nachteile der Niedrigqualifikation und die Vorteile der Niedriglöhne zu verbinden. Mit der Einführung der Fließbandarbeit gestaltete Ford eine neue Form der industriellen Produktion. Gleichsam revolutionierte er die Führungsstrukturen durch ablaufbedingte Zwänge und befreite das Unternehmen von überzähligen Aufsichts- und Meisterfunktionen. Schließlich gab das Band den Takt vor und der Arbeiter war stationär am Band geparkt. Das Produkt fließt und der Arbeiter konzentriert sich einzig auf seinen Arbeitsablauf, wobei die ihm zugewiesene Zeit der Fließband-Takt ist.

2.2. Das Lean Management Prinzip

Das Lean Management lässt sich deutlich abgrenzen zu den Erfolgsmustern der tayloristischen Arbeitswelt, wie sie einst Henry Ford mit seinen Ford Werken USA zum Erfolg führte.

- Trennung der Arbeit in ausführende (handeln) und planende (denken) Arbeit,
- Vollzug einzelner Arbeitsschritte (Spezialisierung) durch die Arbeiter oder Maschinen und
- Zentrale Steuerung (Takt und Zeitwirtschaft).

Nach den arbeitswissenschaftlichen Prinzipien Taylors wurden Arbeitsprozesse in eine Abfolge von Einzelschritten zerlegt, vereinfacht und in einer Fließbandstruktur effizient angeordnet. Ziel war zur damaligen Zeit, die Lohnkosten durch Einsatz ungelernter/ angelernter Niedriglohnempfänger zu reduzieren. Weiterhin wurde darin eine Antwort auf die Skalierbarkeit einer Produktionsausbringung gefunden. Der Horizont und die Kenntnis des Fließbandarbeiters beschränkten sich auf seinen Arbeitsbereich oder einzelnen Arbeitsschritt. Vor- und nachgelagerte Bereiche waren nicht vertraut.

Lean Management ist eine strategische Bewegung gegen das Konzept der Massen- und Fließbandfertigung, der auf Henry Ford zurückgehenden Management-Konzeption, welche eng an die tayloristischen Lehren einer arbeitsteiligen Produktion gebunden war. (Pfeiffer Werner, 1992, S. I).

Abbildung 11: Das Lean Management Prinzip

Definieren, aufzeigen und praxisgerecht umsetzen

Das Lean Management folgt dem Gedanken: „Vermeidung von Verschwendung" und stellt den Mensch in den Vordergrund. Es geht dabei von der These aus, dass der Kunde nur bereit ist, den Prozessanteil zu bezahlen, welcher sein Produkt erstellt. Dieser wird als „schlanker Prozess" bezeichnet, welcher frei von Verschwendung ist.

Die Arten der Verschwendung werden über das Kunstwort TIMWOOD bezeichnet:

T	Transport (Fahrweg, Logistik des Produkts)
I	Inventory (Lagerung)
M	Movement (Bewegen des Produkts)
W	Waiting (warten)
O	Overproduction (Überproduktion – zu viele Teile wurden produziert)
O	Overprocessing (übertriebener Prozess - zu viele Prozessschritte)
D	Defects (Ausschuß – zu viele unbrauchbare Teile)

Abbildung 12: Die Verschwendungsarten TIMWOOD

Der Lean Prozess stellt sich folglich als schlank dar, wenn Überflüssiges entfernt ist. Sobald der Prozess Lean wird, steigt die Wertschöpfung im Prozess und Unternehmen.

Die Verschwendung vermeiden war das eigentlich Neue daran. Als menschlicher Teil im Arbeitssystem mit Führungsstrukturen und Ablaufprozessen sind wir gefangen in der einseitigen soziologischen Faktenperspektive, welche den Einzelnen letztendlich „blind" gegenüber sachlich-inhaltlichen Vorgängen des klaren einfachen Produktionsprozess macht. (Pfeiffer Werner, 1992, S. 3)

Lean Management im Einkauf und Beschaffung

Der Lean Manager orientiert seine Gedanken/Entscheidungen an den folgenden klaren Aussagen:

Der Kunde bezahlt NICHT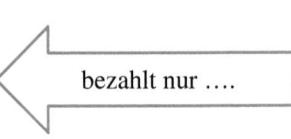

- für eine schlechte Organisation,
- für Nacharbeiten oder
- für Bestände.

Der Kunde bezahlt NUR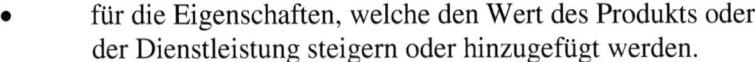

- für die Wertschöpfung, d.h.
- für die Eigenschaften, welche den Wert des Produkts oder der Dienstleistung steigern oder hinzugefügt werden.

Somit will das Lean Management eigentlich nach (Pfeiffer Werner, 1992, S. 209)

- Ineffiziente Methoden und unlogische Abläufe beseitigen,
- Verschwendung vermeiden und
- Denken und Tun verbinden.

Typische Merkmale und Charakteristiken für einen schlanken Prozess sind:

- Variantenarmer Prozess
- Schneller Prozess
- Flexibler Prozess
- Prozess, der Kundenwünsche erfüllt

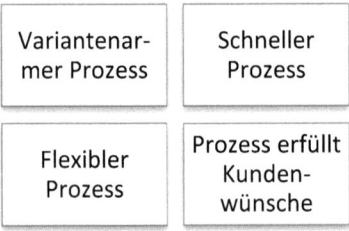

Abbildung 13: Die Merkmale eines Lean Prozesses

Definieren, aufzeigen und praxisgerecht umsetzen

Gemessen und quantitativ nachgewiesen wird der Lean Prozess:

- In der Durchlaufzeit (DLZ)
- Im Bestandswert im Prozess (WIP)
- Im Ausschuss (Defects)

| Messung |

Der 5 S Workshop führt zu einer sicheren, sauberen, übersichtlichen und ergonomischen Arbeitsplatzorganisation. Er wird in den folgenden fünf Schritten durchgeführt. Die Abkürzung 5S folgt den fünf Schritten, deren Bezeichnung im Japanischen mit S beginnt:

1. SEIRI = Aussortieren
2. SEITON = Anordnen
3. SEISO = Reinigen
4. SEIKETSU = Standardisieren
5. SHITSUKE = Verbessern

Wer einmal einen S5 Workshop oder KVP Shop moderiert hat, der wird begeistert davon berichten, wie Mitarbeiter sich öffnen und einbringen und eine Flut an Ideen einbringen, sobald sie wahrnehmen, dass ihre Inhalte und Beiträge angenommen, bewertet und realisiert werden.

| 5S zur Arbeitsplatzorganisation | KVP kontinuierlicher Verbesserungsprozess |

Abbildung 14: Bekannte Lean Methoden und Workshops

Lean Management im Einkauf und Beschaffung

Weitere starke LEAN Management Werkzeuge (neben TIMWOOD und 5S) sind:

- KVP kontinuierlicher Verbesserungsprozess
- OEE Gesamtanlageneffektivität = Verfügbarkeit x Leistung x Qualität, optimieren
- SMED Rüstzeiten reduzieren
- TPM präventive vorbeugende Wartung
- POKA YOKE automatische Kontrollmechanismen (Vermeidung von Montagefehlern)
- KANBAN bedarfsorientiertes Pullsystem
- VSM Wertstromdiagramme

Mit Besuch der weiterführenden Schule zieht die folgende mathematische Gleichung ein:

$$Y = f(x)$$

Ypsilon (Y) bezeichnet als Unbekannt das Ergebnis einer unbekannten Funktion (f), welche abhängig ist von dem Unbekannten x.

Um das Lean Management im Einkauf (Y) zu beschreiben, müssen die beeinflussenden x erkannt werden. Lean Management im Einkauf (Y) kann letztendlich durch eine unendliche Anzahl von x´en beschreibbar sein. Lean Management im Einkauf = Prozess (Faktoren $x_1 - x_n$)

Um stringent auf das Ziel zuzuschreiten, konzentriert man sich in der Regel zuerst auf die Wichtigsten, will aber letztendlich den Prozess immer weiter verbessern (KVP).

Eine weitere Neuerung ist das Einbringen vom Unten-nach-Oben (down top approach). Früher waren die Vorgaben von Oben herab (top down), das heißt, von Oben, dem Vorgesetzen, nach Unten, dem Mitarbeiter, das Maß der Dinge.

Definieren, aufzeigen und praxisgerecht umsetzen

Vom Tun zum Denken wandelt sich der Mensch schneller als man glauben mag, eine schmale Hierarchie schafft zudem den Rückbau von lähmenden Entscheidungsstufen und Zeitverlust. Das steigert Schlagzahl, Geschwindigkeit und Motivation an der Basis, dem Ort der Leistungserstellung.

Exkurs in zwei Lean Management Beispiele:

Der Abbau der Bankmitarbeiter am Schalter und Ersatz durch vom Kunden bediente Automaten, ist sicherlich kein Lean Management Ansatz, da der Kunde weder dafür zu zahlen bereit ist, noch Verständnis für Anonymität und Automatisierung zu gleichen Konditionen aufbringt.

Jedoch wäre die Vereinfachung und Verkürzung der Bearbeitungszeit für einen Verbraucher durch Verlagerung der Entscheidung in die Vor-Ort Filiale ein Lean Management Ansatz, da es Ressourcen und Zeit spart und Kundeninteressen befriedigt. (Sohn, 1993, S. 122).

2.3. Die Voraussetzungen

Lean muss erst in die Köpfe und Herzen der Mitarbeiter gebracht werden. Ein Prozess, der seine Zeit braucht. Lean heißt Veränderung und Anpassung, meint aber nicht Entlassungen, Veränderung ohne Schulung und Anpassung. Es verunsichert nicht die Mitarbeiter, es macht sie stark und verbessert langfristig die Existenzbasis des Unternehmens und ihres Arbeitsplatzes.

Der Geselle oder ausgebildete Facharbeiter in Deutschland ist ideal ausgebildet und motiviert für ein Lean Management. Gerade die Reduktion seines betrieblichen Einsatzes durch die tayloristische Prägung der Arbeitsorganisation motiviert ihn, ist doch gerade seine Ausbildungsskala zu 85 % ungenutzt. Hat er doch alle Abteilungen in einer Berufsausbildung durchlaufen und wurde in vielen Fachgebieten ausgebildet, so reduziert man ihn oftmals im Berufsleben auf „eine Tätigkeit" und gibt ihm das Gefühl „alles was du gelernt hast, ist Unsinn gewesen", denn du sollst nur eins: „löten".

Daher sind die Mitarbeiter häufig lernbereit, willig und offen und ehrlich im Umgang und man kann gemeinsam die Organisationsformen und Prozessabläufe verbessern.

Die Voraussetzungen schafft man durch Information und Schulung. Die Veränderung empfinden Mitarbeiter erstmal als Bedrohung durch Ungewissheit. Abhilfe schaffen Informationsveranstaltungen des Managements und Erklärungen.

Abbildung 15: Lean Voraussetzungen schaffen

Zuerst ist die Frage nach dem Sinn und Zweck, das heißt, dem wirtschaftlich rentablen Betrieb des Unternehmens zu beantworten. Ist dieser Schritt (als Türöffner) vollzogen, müssen die Fragen nach dem „Wie" und der Auswirkung auf „Wen" beantwortet werden.

Dazu sind die Ablaufpläne, Organisationsdiagramme und Besuche oder Präsentationen von Musterunternehmen anzuwenden und hilfreich.

Die Phase der Aufklärung und Überzeugung ist lang. Die Schulungen begleiten den Veränderungsprozess. Anschließend ist es wichtig, **schnelle erste Erfolge** aufzuzeigen. Dies hat den Sinn des Nachweises auf dem richtigen Weg zu sein, sowie Multiplikatoren und Leuchttürme zu bilden.

Der Erfolg stellt sich schnell über kleine Bereiche und Abschnitte ein. Langfristig ist aber deren Wirkung, da die Struktur des Unternehmens und die Stellung am Markt umfassend erneuert werden.

Sohn (Sohn, 1993, S. 48) führt ergänzend die folgenden Merkmale für den sinnhaften Einsatz des Lean Managements aus:

- Produktionsreserven gebunden in Stäben und Hierarchien (Verschwendung)
- Leistungsstarke Zulieferer und Spediteure (aber zu viel Eigenfertigung)
- Hohe Qualifikation der Mitarbeiter (Gesellen, Facharbeiter)
- Identifikation der Mitarbeiter mit Loyalität zum Unternehmen (lernbereit und arbeitswillig)
- Erfahrungen mit Mitarbeitern mit dem betrieblichen Vorschlagswesen (BVW)

Der größte Fehler der Vergangenheit war das Trennen von Denken und Tun. Die Zukunft liegt in der Teamorientierung, welche selbst justierende Regelkreise bringt und pro aktiv an Verbesserungen arbeitet. Der daraus folgende Abbau der Hierarchie ist eine logische Konsequenz, da das meiste Wissen nun mal am Punkt der direkten Wertschöpfung liegt, dort Kosten gelegt werden und schnelle Entscheidungen erwartet werden.

2.4. Die sozialen Kompetenzen

Das Lean Management zeichnet sich durch ein besonderes Verhältnis der Akteure untereinander aus. So verbindet es das Unternehmen, den Kunden, den Lieferanten, die Mitarbeiter und Mitarbeiterinnen des Unternehmens miteinander. (Bösenberg Dirk, 1993, S. 7)

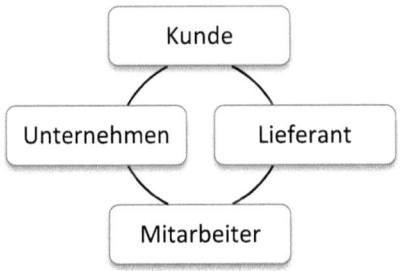

Abbildung 16: Die Lean Management Verbindungen

Daraus lassen sich soziale Kompetenzen ableiten, welche der neue Lean Management Manager oder Mitarbeit idealerweise haben sollte.

Mehr soziale Kompetenz, Fähigkeit zur Kooperation und verantwortlicher Umgang mit einer Führungsrolle wird vom Lean Mitarbeiter verlangt. Er muss erlernt haben, im Team[8] zu arbeiten. Auch ein Generalist hat eine gute Empfehlung.

Weiterhin braucht er die Lernbereitschaft und Fähigkeiten der Kommunikation (was letztlich das Zuhören betrifft, im Gegensatz zur alltäglichen Selbstdarstellung).

Auf der anderen Seite sind die Mitarbeiter und Manager ungeeignet, welche das Gegenteil verkörpern. (Sohn, 1993, S. 214). In den Merkmalen wäre das u.a.

- Ausgeprägtes Streben nach Macht und Anerkennung
- Unfähigkeit der Entscheidung
- Hierarchisch orientiert leben und handeln und nicht an der Basis
- An Prozessen und Vorgängen festhalten, anstatt an deren Weiterentwicklung
- Nicht frei sein im Denken, Handeln und Verändern

---

[8] *Anmerkung: Was leider nicht aus einer akademischen Zeugniskarriere hervorgeht oder bestätigt wird.*

2.5. Die Zielkonflikte und Erfolgsfaktoren

Das Lean Management ist ein nicht sehr komplexes System, aber es verändert die Sichtweise. So stellt es erstmal den Menschen als denkend, handelnd und interessiert in den Vordergrund. Es motiviert diese Fragen zu stellen, sich zu beteiligen und einzubringen.

Einen schönen Satz habe ich in der Literatur dazu beispielhaft gefunden:

„Lean Management lernt man nicht aus, mit der Berufsausbildung erwirbt man eine Fahrkarte für den Lean Zug. Die Platzkarte erwirbt man nur durch die Mitarbeit und Gruppenintegration" (Sohn, 1993, S. 194).

Stellen Sie sich die Frage im Selbstgespräch:

„Bin ich bereit für die Erbringung einer konstanten Leistung, der Übernahme von Verantwortung, blicke ich optimistisch in die wandelnde Zukunft, gestalte ich meine Arbeitsaufgabe und ergreife Initiative? Bin ich bereit mitzudenken, eigene Verantwortung zu tragen und zielstrebig im Sinne des Unternehmens zu handeln?"

Die Konflikte bilden sich von selbst aus. Auf der einen Seite ist das Vertraute und Bestehende und auf der anderen Seite das Neue und Unbekannte. Von dieser inneren Zerrissenheit sind alle Betriebsangehörigen betroffen.

Lean Management im Einkauf und Beschaffung

Vertrautes und Bestehendes sowie Arbeiten und Anweisungen folgen ⇄ Neues und Unbekanntes sowie die Aufforderung der Beteiligung

Abbildung 17: Die Konflikte im Lean Management

Der zweite Konflikt entsteht durch die Aufforderung zu Beteiligung. So war man im Bestehenden gewohnt, seiner Arbeit nachzugehen, seine Pflicht zu erfüllen und den Anweisungen zu folgen, so ergeht an die Mitarbeiter/-innen die Aufforderung sich zu beteiligen, sich einzubringen und sogar zu handeln und zu gestalten.

Die Wirkungen und erzielten Erfolge auf das Unternehmen sind beeindruckend:

- Proaktives Einbringen der Mitarbeiter-/innen
- Eine Steigerung der Produktqualität
- Gestaltungsfreude und Experimentiergeist
- Übernahme der (Mit) Verantwortung für das Arbeitsergebnis/Arbeitsschritt
- Erlebte eigene Zufriedenheit und Anerkennung durch den eigenen Anteil am Ergebnis

Die Vorteile in Zahlen wurden von Harmon wie folgt formuliert: (Harmon, 1993, S. 9)

- Allgemein sind 20-30%Verbesserung keineswegs unrealistisch
- Straffung der Organisation circa -25-30%
- Durchlaufgeschwindigkeit circa -50%
- Reduktion der Fehler circa -30%
- Antwortzeiten circa -25%

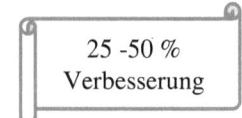

25 -50 % Verbesserung

Definieren, aufzeigen und praxisgerecht umsetzen

Das Neuland des Denkens und deren Herausforderungen werden in den nachfolgenden Perspektivwechseln so richtig deutlich:

- „Ihr müsst Probleme als Chance würdigen und nicht vertuschen. Es sind Anregungen zu einer Weiterentwicklung."
- „Den Blick auf das ganze Unternehmen wiedererlangen und trotzdem den Blick auf das Detail beibehalten."
- „Niemals sind wir perfekt oder angekommen, ständig müssen wir uns weiter verbessern und dazu alle Mitarbeiter-/innen einbeziehen."
- „Mitarbeiter sind leistungswillig und lernbereit."

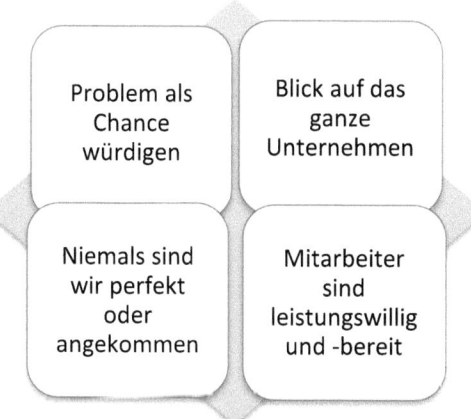

Abbildung 18: Das Neuland des Lean Denken

Beispiel Teamgeist: „Statt mir Vorwürfe zu machen und mich dadurch in die Defensive zu treiben, berieten alle mit mir darüber, was schiefläuft und wie man es ändern kann." (Rehfeld, 1991, S. 81-92). Das Problem wird gesucht, nicht der Schuldige. Der neue Grundsatz, dass auch wir aus Fehlern lernen, gilt. Denn ein zweites Mal wollen wir den Fehler nicht machen.

2.6. Die Störfaktoren

Der aktuelle Standort des Unternehmens ist zu finden und zu bestimmen. Was bringt es, auf allen Märkten und Sparten zu agieren. Der Aufwand ist unverhältnismäßig zum Ertrag. Die Entrümpelung des Sortiments und Portfolios geht einher mit dem Aufbruch in ein Lean Management. (Sohn, 1993, S. 70).

Abbildung 19: Die Entrümpelung des Unternehmens

Die anzutreffenden Barrieren sind die Machtkämpfe um Positionen, Arroganz und die Unfähigkeit sich weiterzuentwickeln. Letztendlich geht es natürlich auch um die vollständige Auflösung der Stabs- und Zentralbereiche.

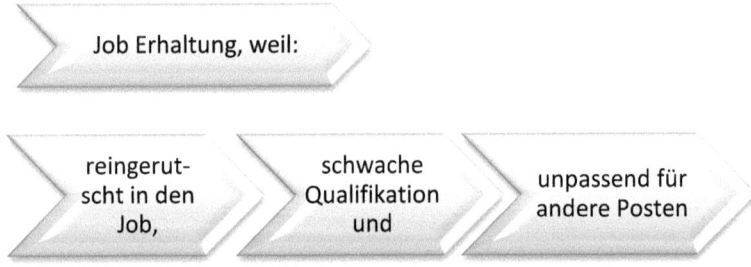

Abbildung 20: Die Störmotive des mittleren Managements

Somit lassen sich zwei Störfaktoren lokalisieren. Zum ersten das mittlere Management, was um die Erhaltung seiner Jobs fürchtet oder deren Qualifikation zu keiner anderen Tätigkeit im Unternehmen passt.

Definieren, aufzeigen und praxisgerecht umsetzen

Die Störfaktoren aus dem mittleren Management treten auf als „Drachen mit Wut, Hass und Groll" in Form des

- Festhaltens an Status und Stellung
- Menschen sind blockiert in Umlernen und Umzug
- Starres Arbeitsrecht und Gewerkschaften
- Geringe Offenheit für vertikale oder horizontale Mobilität im Unternehmen

Abbildung 21: Die Störfaktoren im Unternehmen

Zum zweiten zu nennenden die Legenden, Mythen und heiligen Kühe eines Unternehmens sind, welche als ungeschriebene Gesetze „unantastbar" sind.

Die Störfaktoren der Legenden, Mythen und heiligen Kühe treten auf als „Kranich mit Starrsinn und bürokratisch " in Form des

- Keiner ist ersetzlich
- Wissen wird nicht weitergegeben
- Destruktives Vortragen aller Negativbeispiele im Unternehmen
- Der Starrsinn und die Unveränderbarkeit des Bestehenden

Abbildung 22: Die Mythen im Unternehmen

Unsere Antwort darauf lautet: Wir trauen auch den anderen etwas zu, Prozesse sind transparent und Wissen ist erlernbar. Rom wurde auch nicht an einem Tag erbaut und der Wandel umgibt uns Überall und Immer.

Mythen sterben aus und heilige Kühe kann man schlachten. Ich weiß, es ist harte Arbeit und man benötigt den richtigen „Biss" um den Fortschritt und ständige Verbesserungen voranzutreibentes, aber es lohnt sich.

2.7. Die Merkmale eines Lean Unternehmens

Nachfolgend ist eine Aufzählung von Merkmalen, welche Lean Unternehmen unter anderem zum wirtschaftlichen Erfolg geholfen haben:

- Sehr kleine Management-Ebenen
- Eine flache, schlanke und direkte Führung
- Die Entscheidungsfreiheit an dem Ort der Leistungserstellung
- Einzelverantwortung eines Jeden an jedem Arbeitsplatz sowie Selbständigkeit
- Der sorgfältige Umgang mit jeder Ressource (Raum, Maschine, Mensch..)
- Das Mitwirken des Einzelnen an dem Gesamten /Ergebnisorientierung
- Die Vermeidung von Krisen durch Nutzung von Fehlern als Chance
- Den Einsatz von Standards und -lösungen
- Kleine Einheiten oder Teams
- Eine geringe Fertigungstiefe, d.h. hoher Fremdbezug
- Die Integration der Lieferanten
- Eine moderate Kontrolle

| Mensch und Mitwirkung | Organisation und Führung | Teambildung | Externe Lieferanten, Outsourcing | Standardisierung |

Abbildung 23: Ordnung der Lean Management Merkmale

Mit der Kenntnis der vorgenannten Merkmale, welche Lean Unternehmen zum wirtschaftlichen Erfolg geholfen haben, muss man perspektivisch auch die andere Seite betrachten. Wann ist Ihr Unternehmen „reif oder fällig" für die Einführung des Lean Managements? Sind Sie fett, träge und in sich gefangen? (Harmon, 1993, S. 26).

Sollten Sie die nachfolgenden Aussagen überwiegend mit einem „ja" beantworten, so ist der Reifegrad für die Lean Management Einführung erreicht und es ist hoffentlich noch nicht zu spät:

- Betrachten Sie die Fertigungsdurchlaufzeit im Verhältnis zur Konkurrenz. Brauchen Sie länger?
- Sind Sie so organisiert, dass gleiche Maschinen dieselbe Arbeit verrichten und eine Gruppe bilden?
- Besteht Klarheit darüber, wer für Fehler und Mängel die Verantwortung trägt oder suchen Sie den Schuldigen?
- Transportieren Sie Unmengen von Material über Strecken durch die Fabrik?
- Sind die Umrüstkosten nur auf große Lose ausgelegt oder auch auf kleine Mengen?
- Mieten Sie Lagerkapazität an?
- Belegen Zwischenarbeitsgänge große Flächen der Fabrik?
- Treffen die Kollegen aus der Fertigung nie mit den Kunden und Lieferanten zusammen?
- Ist die Konstruktion und Fertigungsplanung räumlich vom Ort der Leistungserstellung weit getrennt?
- Suchen Sie permanent nach günstigen Lieferanten um Kosten zu senken?

Lean Management im Einkauf und Beschaffung

Die vorausgehenden Ausführungen führen zwangsläufig zu der Frage nach dem Wandel und dem „was auf uns zukommt"?

Es wird tiefe Einschnitte im Unternehmen geben. Der alte Mythos und Bestand wird entzaubert werden. Das kann entweder aus dem Marktdruck heraus passieren (wenn es fast zu spät ist) oder rechtzeitig in einer wirtschaftlichen Konsolidierungsphase, um zum turn around zur Marktorientierung zurückzuerlangen.

Nachfolgend finden Sie eine Aufzählung der Veränderungen, welche das Lean Management in Ihrem Unternehmen bewirken wird:

- Eine Veränderung der Lieferanten/-netzwerke
- Ein Zukauf von Systemen statt Einzelteilen
- Eine Auslagerung kompletter Bereiche/Funktionen oder Tätigkeiten
- Eine neue Arbeitsbeziehung intern/extern im Unternehmen, als kundenorientierte Sicht
- Die Orientierung am Gesamtoptimum und die Sicht auf das Unternehmen als Ganzes
- Die Einführung der Gruppenarbeit als Stimulanz
- Das Mit- oder Selbstentscheiden am Ort der Leistungserstellung
- Schlanke Führungs- und Verwaltungsprinzipien
- Eine Reduktion der Zentralbereiche und Stäbe
- Der Weg zur Standardisierung (Produkt, Prozess)
- Den Mut zum Experimentieren in Richtung Optimum
- Den Sinn zu begreifen und optimale Rahmenbedingungen zu schaffen
- Den Menschen als Wertschöpfungspunkt in den Mittelpunkt stellen

Definieren, aufzeigen und praxisgerecht umsetzen

3. Die Planung der Umsetzung

3.1. Die organisatorische Umsetzung

Das Projekt Lean Management als Ganzes wird von einem Projektleiter in Vollzeit geleitet. Das Spektrum wird für den Firmenlenker überschaubar, transparent und „kontrollfähig". Dem Projektansatz geben wir, aus der Sicht der alten Welt, hochgesteckte Projektziele und Vorgaben. Diese Vorgaben können lauten:
- „minus 30 %" oder
- der „Verbrauch an Ressourcen wie Raum (30-50%), Maschinen (30%) und Mitarbeiter (25%) reduziert sich erheblich".

Die Teilprojekte laufen dezentral am Ort der Erbringung und keinesfalls im Stab oder Elfenbeinturm. Das Projekt „Einführung des Lean Managements im Unternehmen" selbst durchläuft in der Erstellung die Phasen der:

1. Konzeptionsphase = System und Kostenanalyse aus dem Ist
2. Definitionsphase = Systemtechnik und integrierte Leistung zu dem Soll
3. Entwurf- und Realisierungsphase = Umsetzungsplanung, Controlling und Koordinierung zum Tun

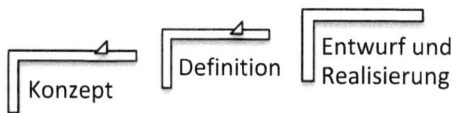

Abbildung 24: Projektphasen des Lean Management

Nach Beschluss der Konzeptions- und Definitionsphase muss zwingend eine Lean Management Projektdefinition schriftlich niedergeschrieben und freigegeben werden. Dies ist kein formaler Schritt, sondern die Erklärung des Managements zu einem Aufbruch in die neue Lean Management Welt, hinter dem Sie fest stehen. Der Mitar-

Lean Management im Einkauf und Beschaffung

beiter erhält fixierte Informationen zu dem Was und Wie der Umsetzung und erneuert sein Vertrauen in das Management.

„Ein Projekt wird als eine Aufgabenstellung verstanden, die durch die Merkmale Komplexität, zeitliche Befristung, und relative Neuartigkeit gekennzeichnet ist. Zur Projektrealisierung müssen die Beteiligten in hohem Maße einem arbeitsteiligen Realisationsprozess im Hinblick auf das vorgegebene Endziel planen, steuern, koordinieren und kontrollieren". (Herten, Internationales Projektmanagement, 1987, S. 5).

Nachfolgend finden Sie den Aufbau einer Projektdefinition beispielhaft für ein Unternehmen. Es ist empfehlenswert, die Projektdefinition auf zwei DIN A4 Seiten zu reduzieren, um die Vermittlung und Akzeptanz zu erhöhen. Ebenso sollte sie visualisiert sein und nicht nur als Fließtext geschrieben werden. Die detaillierten Ausführungen finden sich im Projektordner wieder.

1. Beschreibung der Ausgangssituation/Ist
2. Formulierung der Projektziele
3. Beschreibung des Projektergebnisses und -struktur /Soll
4. Beschreibung der Phasenstruktur
5. Grobe Aufgabenbeschreibung
6. Wahl eines Projektleiters und Bildung des Projektteams
7. Grobe Terminplanung
8. Kosten- und Aufwandschätzung
9. Besonderheiten

Aufbau der Projektdefinition

Nachdem die Projektdefinition für das Gesamtunternehmen beschrieben ist, muss das Wollen an die vielen Bereiche und Stellen des Unternehmens transportiert werden. Das Gesamtprojekt besteht somit aus mehreren quasi identischen Teilprojekten in der strukturellen Gliederung.

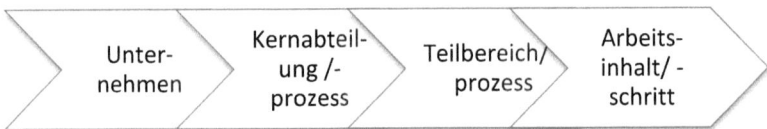

Abbildung 25: Die strukturelle Gliederung der Teilprojekte

Definieren, aufzeigen und praxisgerecht umsetzen

Zur Einleitung und Findung des nächsten Schrittes auf die Projektdefinition „Einführung des Lean Managements im Unternehmen" empfiehlt sich der Ablaufplan nach Sohn (Sohn, 1993, S. 182):
- Definition der Kernbereiche
- Lean Management Schulungen und KVP
- Information und Umsetzung der Mitarbeiter sowie Trennung
- Anpassung der Organisation
- Ggf. Standardisierung der erzeugten Produkte und Varianten
- Umsetzung in den Teilbereichen Stufe um Stufe inkl. Anpassung der Logistik
- Lieferantenverhandlungen zu Art, Umfang und Weise der Leistungserbringung
- Vollständige Umsetzung im Betrieb auf Lean Management
- Betrieb und Erhaltung des Lean Managements Ansatz im Alltag
- Zeitnahes Betriebsfest, Wertschätzung und Rückblick auf das gemeinsam Erreichte

Die eigentliche Arbeit am Ort der Leistungserstellung vollzieht sich in Lean Teams. Diese fokussieren sich auf den Arbeitsinhalt bezogen auf ihren Teilprozess (=> Teilbereich/Teilprozess => Arbeitsinhalt/-schritt).

Die Auseinandersetzung mit dem Arbeitsinhalt beginnt mit den Leitfragen des Lean Managements nach Pfeiffer: (Pfeiffer Werner, 1992, S. 40 (erweitert))
- Brauchen wir das, was wir tun?
- Wofür zahlt der Kunde?
- Bezahlt der Kunde für diesen Arbeitsschritt/-prozess?[9]
- Wenn wir es brauchen, warum müssen wir es selber machen?
- Warum vergeben wir es nicht extern?

---

[9] *Anmerkung: Der Kunde bezahlt für die Eigenschaften, welche den Wert des Produktes oder der Dienstleistung steigern oder die zu dessen Wert hinzugefügt werden.*

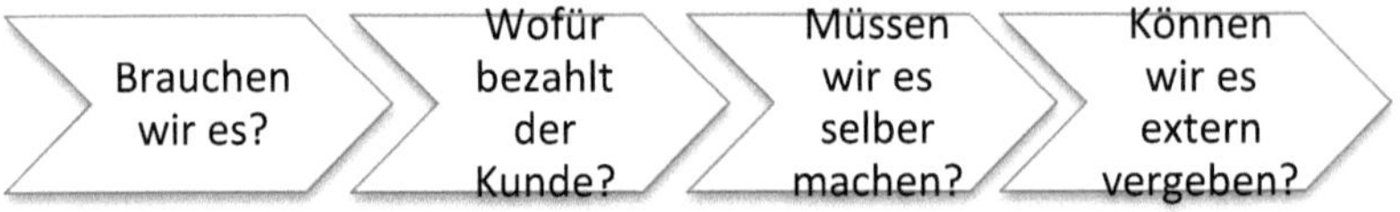

Brauchen wir es? > Wofür bezahlt der Kunde? > Müssen wir es selber machen? > Können wir es extern vergeben?

Abbildung 26: Die Leitfragen des Lean Management

In Kapitel zwei wurden die Arten der Verschwendung (Kunstwort TIMWOOD) aufgeführt. Nun gilt es, diese in der Bearbeitung des Teilprojektes zu erkennen und zu optimieren.

T	Transport (Fahrweg, Logistik des Produkts)
I	Inventory (Lagerung)
M	Movement (Bewegen des Produkts)
W	Waiting (warten)
O	Overproduction (Überproduktion – zu viele Teile wurden produziert)
O	Overprocessing (übertriebener Prozess - zu viele Prozessschritte)
D	Defects (Ausschuß – zu viele unbrauchbare Teile)

Die Verschwendungen

3.2. Die menschlichen Anforderungen

Der geeigneten Auswahl der Mitarbeiter kommt eine besondere Bedeutung zu. In die Betrachtung kommen grundsätzlich zwei Hauptmerkmale des Bewerbers (vgl. Podsiadlowski, 2002, S. 148).

Das Fachgebiet
Sicherlich stehen primär die fachlichen Fähigkeiten und Fertigkeiten im Fokus, da sie zwingend für die Auftragserfüllung notwendig sind.

Definieren, aufzeigen und praxisgerecht umsetzen

Das Team
Zweitens sollten die sogenannten „soft skills[10]", die persönlichen Fähigkeiten und Einstellungen zum Arbeiten in einem Projektteam gegeben sein, wie interpersonale Fähigkeiten (kommunikative und soziale Kompetenz), Motivation (Commitment an die Aufgabe), Bereitschaft zur Zusammenarbeit, Rollenverständnis (Sozialisation) und Einstellung (Kooperation, Kollektivismus).
In diesen Kontext fallen die kulturellen Anforderungen, welche deshalb extra aufgezeigt werden.

Anforderungen an die Lean Management Kollegen im Projekt Team
Im Folgenden sind sowohl die Anforderungen an die Kollegen als auch deren mögliche Nachweise aufgelistet.

Anforderungen	Nachweis, durch
Das Fachgebiet	
Fachliche Fähigkeiten und Fertigkeiten	Ausbildung, Lebenslauf und berufliche Erfolge
Das Team	
Persönliche Fähigkeiten und Einstellungen zur Projektarbeit, die „soft skills"	
wie kommunikative und soziale Kompetenz	Schulungen in Rhetorik, Verhandlungstechniken oder Moderation
Motivation (Commitment an die	Selbstoffenbarung

---

[10] *Soziale Kompetenz, häufig auch Soft Skills genannt, bezeichnet den Komplex all der persönlichen Fähigkeiten und Einstellungen, die dazu beitragen, individuelle Handlungsziele mit den Einstellungen und Werten einer Gruppe zu verknüpfen und in diesem Sinne auch das Verhalten und die Einstellungen von Mitmenschen zu beeinflussen. Soziale Kompetenz bezeichnet somit die Gesamtheit der Fertigkeiten, die für die soziale Interaktion nützlich oder notwendig sind. (Quelle: URL http://de.wikipedia.org/wiki/ Soziale_Kompetenz, 31.12.2010).*

Aufgabe) und Emotionale Intelligenz, wie Motivation[11]	
Bereitschaft zur Zusammenarbeit, insbesondere im übergreifenden Umfeld, sowie Bereitschaft, sich auf andere Sichten einzulassen	Internationales persönliches Umfeld oder Studien-/Auslandsreisen oder berufliche Auslandsaufenthalte
Rollenverständnis (Sozialisation)	Handeln in Rollen durch Familie, Ehrenämter, Theatergruppen oder sonstige Rollen
Einstellung (Kooperation, Kollektivismus)	Test oder Interview zur unternehmerischen Kooperation mit Indien ggf. in Karriereerwartungen, Visionen oder Ansprüchen
Die Kultur	
Einfühlungsvermögen[12] für den Perspektivenwechsel und Feinheiten der Kommunikation Bereitschaft, sich in andere Kollegen einzufühlen (Empathie)	Fähigkeiten des Zuhörens, Erkennen von non-verbalen Ausdruckssignalen, Erklärbarkeit der Reaktion und Beschreiben von Stimmungslagen durch psychologische Tests oder Interviews
Selbstreflexion, Selbstkontrolle	Fähigkeit zur Bewertung des eigenen Handelns

Tabelle 1: Anforderungen an die Projektmitglieder

---

[11] *Anmerkung: Die Anforderung ist der Gruppe Team ursächlich zugeordnet. Aufgrund der Ähnlichkeit der Anforderung zu vorhandenen Anforderungen, wurde das Element in die Gruppierung Team verschoben.*
[12] *Anmerkung: Bezeichnet hier, fremdes Erleben nacherleben zu können. Das bedeutet, sich in die entsprechenden Gefühle, Stimmungen und Gedanken hineinversetzen zu können. Durch Analogieschlüsse wird das Wissen des eigenen Erlebens auf das Erleben des anderen übertragen.*

Definieren, aufzeigen und praxisgerecht umsetzen

Weitere Nachweise einer vorliegenden Qualifizierung sind in Form von Teilnahmebescheinigungen und Zertifikaten möglich.

Die Ausschlusskriterien für das Lean Management Team:
Nicht geeignet sind Bewerber, welche die notwendigen fachlichen Fähigkeiten und Fertigkeiten durch Ausbildung, Lebenslauf und berufliche Leistungen nicht nachweisen oder belegen können.
Bewerber, welche nicht über einen „hohen" Grad an Einfühlungsvermögen verfügen (vgl. Stark, 2005, S. 83), Einzelgänger, die nicht teamorientiert arbeiten oder mit negativer Motivation sind ebenfalls ungeeignet.
Zum Erlernen der interkulturellen Kommunikation sind folgende Menschen ungeeignet vgl. (G. Hofstede, 2005, S. 493-495):

- Menschen mit einem übermäßig aufgeblasenen Ego
- Menschen, die nicht bereit sind, Ungewissheit in ihrem Leben zu akzeptieren
- Menschen, die emotional labil sind
- Menschen mit dogmatischen oder engstirnigen Grundeinstellungen

Das Lernen, auf einen neuen unbekannten Weg zu gehen setzt Bereitschaft voraus, seine eigenen Überzeugungen und Vorstellungen aus einer gewissen Distanz zu betrachten.

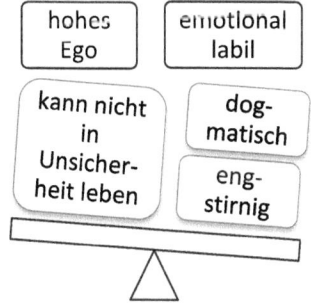

Abbildung 27: Persönlich ungeeignete Lean Mitglieder[13]

---

[13] *Anmerkung: Vgl. Kapitel 2.6 Störfaktoren*

Lean Management im Einkauf und Beschaffung

3.3. Die methodische Umsetzung

Zu den bekannten Lösungen eines Lean Management Prinzips gehören nach Bösenberg (Bösenberg Dirk, 1993, S. 25):

- Kaizen, das ständige Verbessern
- Kanban, die verbrauchs-/produktionsinterne Orientierung zum Kunden
- Just-in-time, der gleichmäßige Material- und Teilefluss ohne Lagerung
- Total Quality Management, die Erzeugung von Qualität als Unternehmenspolitik
- Qualitätszirkel, Beteiligung der Mitarbeiter an der Verbesserung der Produktionsqualität
- Outsourcing

Aus der weiterentwickelten und adaptierten Form des Lean Managements, dem Lean Six Sigma, wird uns folgende Werkzeugkiste zur Verfügung gestellt. Diese Werkzeuge sind im Folgenden umfänglich aufgeführt und werden später bedarfsgerecht reduziert.

In der Regel als Werkzeugkiste (Toolbox) bezeichnet, stehen eine Reihe von Methoden zur Verfügung. Die Überschriften leiten sich aus der Struktur eines Lean Six Sigma Projektes dem DMAIC her. Die Anordnung oder Reihenfolge der Nennung in der Tabelle hat keine Bedeutung:

DEFINE	MEASURE	ANALYSE	IMPROVE	CONTROL
VSM Wertstrom	Praeto Priorisierung	Cost & Efforts	SMED Rüstoptimierung	Trainings
Projektplan	DSP Datensammelplan	5 x Warum fragen	Kanban pull System	SOP Operationsplan
Voices	MSA Mess-	ANOVA Statis-	DoE	Standardi-

Definieren, aufzeigen und praxisgerecht umsetzen

of Customer, Business	systemanalyse	tischer Test		sierungen
SIPOC	Prozessfähigkeit	Regression	5 S	lessons learned
RACI Namensliste	Audio/ Videoaufzeichnungen	Hypothesentest	Brainstorming	Statistische Prozess Lenkung
CTQ Critical to Quality		ISHIKAWA (fishbone)	Poka Yoka	Regelkarten
		Multi Varianten Analyse	FMEA Fehlereinflussanalyse	TPM präventive vorbeugende Wartung
		OEE Gesamtanlageneffektivität	KAIZEN ohne Verschwendung	FMEA

Tabelle 2: Die Lean Six Sigma Werkzeuge

Im vorausgehenden Kapitel haben wir die Leitfragen des Lean Managements kennengelernt. Im Folgenden finden Sie eine Aufzählung der Werkzeuge aus der Lean Six Sigma Toolbox, welche zur Analyse und Findung der Antworten auf die Leitfragen helfen:
Die Leitfragen des Lean Managements waren:
Brauchen wir das was wir tun? Wofür zahlt der Kunde? Bezahlt der Kunde für diesen Arbeitsschritt/ -prozess? Wenn wir es brauchen, warum müssen wir es selber machen? Warum vergeben wir es nicht extern?

Lean Management im Einkauf und Beschaffung

Die Aufzählung der Werkzeuge[14], welche zur Analyse und Findung der Antworten auf die Lean Leitfragen helfen. Zum Erleichtern der Anwendung und Nutzung, wurde eine Einteilung nach Analyse (IST) und Struktur (Visualisierung, Darstellung) vorgenommen, sowie die Abkürzungen und Begriffe übersetzt und kurz beschrieben.

Analysieren	**Strukturieren**
Kundenanforderungen, (Voices of Customer & Business)	Projektdefinition/-plan oder -charter
Notwendige Qualitätsmerkmale aus Kundensicht, (CTQ Merkmale des Critical to Quality)	Namensliste der Projektmitglieder (RACI)
Fischgrätendiagramm, (ISHIKAWA (fishbone)) ggf. erweitert um den 5 Punkte Problemlösungsprozess	Audio-/Videoaufzeichnungen oder Visualisierungen
Wertstromdiagramm	Die Praeto Priorisierung (ABC)
5 x Warum fragen	Kosten- und Aufwandsdiagramm, (Cost & Efforts)
Brainstorming	

Tabelle 3: Die Lean Werkzeuge Kiste

Mit der Anpassung der Leitfragen des Lean Managements und der Werkzeugkiste ergibt sich der erste strukturierte Untersuchungsansatz, um im Lean Management Teilprojekt mit dem Projektteam/-beteiligten zu beginnen.
- Was sind eigentlich die Kundenanforderungen an unseren Teilbereich/Arbeitsschritt?

---

[14] Anmerkung: Das Trainingsprogramm und die Lean Management Schulungen sind im Werkzeugkasten nicht enthalten, da die Schulungen zentral vor Projektstart oder zum Projektstart durchgeführt werden.

Definieren, aufzeigen und praxisgerecht umsetzen

- Was sind die notwendigen Qualitätsmerkmale aus Kundensicht (nächster Empfänger)?
- Brauchen wir das, was wir im Arbeitsschritt tun?
- Bezahlt der Kunde für diesen Arbeitsschritt?
- Wenn wir es brauchen, warum müssen wir es selber machen? =>(Dieser Punkt ist erweitert interpretierbar, im Sinne einer möglichen Automatisierung).
- Warum vergeben wir es nicht extern?

Das Arbeitsdokument zum Lean Management für einen Arbeitsschritt lässt sich vorübergehend einfach und übersichtlich als Microsoft Excel Tabelle darstellen:

Nr.	Benennung des Teilbereichs/ Arbeitsschritts	Die Kundenanforderungen	Ist Die notwendigen Qualitätsmerkmale	Brauchen wir den Arbeitsschritt?	Bezahlt der Kunde den Arbeitsschritt?	Müssen wir es selber machen?	Ist eine Vergabe an extern möglich? oder Automatisieren
1	Bestellstellung schreiben	Spezifizierte Ware	Laut Beschreibung	Ja	Ja	Nein	Möglich
1.1		Garantie	3 Jahre				
1.2		Bedienungsanleitung	vorhanden				

Lean Management im Einkauf und Beschaffung

1.3		Rück-nahme	Angebo-ten				
...	...	...	...	...	...	...	...

Tabelle 4: Das vorläufige Lean Arbeitsdokument

Mit der Integration der sieben Arten der Verschwendung wird das Arbeitsdokument zum Lean Management um einen Arbeitsschritt erweitert.

In Kapitel zwei wurden die sieben Arten der Verschwendung (Kunstwort TIMWOOD) aufgeführt.

T　　Transport (Fahrweg, Logistik des Produkts),

I　　Inventory (Lagerung),

M　　Movement (Bewegen des Produkts),

W　　Waiting (warten),

O　　Overproduction (Überproduktion),

O　　Overprocessing (übertriebener Prozess) und

D　　Defects (Ausschuss – zu viele unbrauchbare Teile)

Es wird eine Hilfsspalte eigeführt, welche die Art der Verschwendung konkret zum Arbeitsschritt bezeichnet. Die Darstellung bleibt in einfacher Tabellenform, wie aus Microsoft Excel bekannt, abschließend dargestellt.

Definieren, aufzeigen und praxisgerecht umsetzen

Nr.	Teilbereich/ Arbeitsschritt	Ist Kundenanforderung	Notwendige Qualitätsmerkmale	Art der Verschwendung TIM WO OD	Brauchen wir den Arbeitsschritt?	Bezahlt der Kunde den Arbeitsschritt?	Müssen wir es selber machen?	Ist eine Vergabe an extern möglich oder ist er automatisierbar?
1	Bestellung schreiben	Spezifizierte Ware	Laut Beschreibung	W (waiting)	Ja	Ja	Nein	Möglich
1.1		Garantie	1 Jahr					
1.2		Bedienungsanleitung	vorhanden					
1.3		Rücknahme	Angeboten					
...	...	...	...		...	...	...	...

Tabelle 5: Das Arbeitsblatt zum Lean Management

Seite 51

Lean Management im Einkauf und Beschaffung

3.4. Die motivierte Umsetzung

Mit der Einführung des Lean Managements in das Unternehmen rückt erstmalig der Mensch in den Mittelpunkt, das sogenannte Human Capital.

Die Aktionsfelder des im Mittelpunkt stehenden Menschen im Lean Management nach Bösenberg (Bösenberg Dirk, 1993, S. 29) lassen sich darstellen als:

- Mitarbeiter an den Betrieb binden, sich einbringen lassen
- Bildung eigenverantwortlicher Teams- und Arbeitsgruppen
- Vermeidung von Fehlern durch jeden Prozessbeteiligten
- Flexibilisierung der Mitarbeiter und Maschinen
- Outsourcing von Baugruppen oder Vorfertigungsbereichen bis hin zur Einbindung/Integration von Lieferanten in den Arbeitsprozess im Werk (Seifert Josef, 1994)
- Anspruch auf hohe Prozessbeherrschung/-erfüllung
- Hohe Problemlösungskompetenz durch Methodentraining
- Vision der direkten Steuerung der Produktion/-leistung auf die aktuelle Marktnachfrage

Erst mit der Einführung von Teamarbeit in Form von Arbeitsgruppen (Teams) wird es möglich, die Organisation zu entflechten, vereinfachen und operativ zu führen. Die Vorteile der schnellen Information und Entscheidung überragen alle anderen Dinge, denn eine Bürokratie behindert die freie Entfaltung, Vitalkräfte und Inspiration.

Abbildung 28: Teamarbeit verbindet Denken und Handeln

Definieren, aufzeigen und praxisgerecht umsetzen

Aus diesem Ansatz lassen sich komplexe Organisationen in kleine wirkstarke Organisationen unterteilen. Verringerung der Kosten, Steigerung des Outputs, verbesserte abteilungsübergreifende Zusammenarbeit, Fehlerkorrektur und Service vor Ort werden nun an die Gruppe übertragen und werden zum down up. (Sohn, 1993, S. 138). Damit erfährt jeder im Unternehmen den Kostendruck des Marktes, dass Lieferanten genauso gut uns stärken wie wir selbst, jeder zum Erfolg seinen Beitrag leistet, und das Team die Ausbringung beeinflussen kann.

Die Unterteilung der Aufbauorganisation in kleine Teams nach normierten Grundsätzen ist eine der wichtigen Folgen und Erkennungszeichen. Diese Teams arbeiten vor Ort zentral, als selbständige Einheit und folgen den für das Unternehmen standardisierten Vorgehensmustern. (Bösenberg Dirk, Lean Management, 1993, S. S. 9). Das normierte Vorgehen und Handeln verlangt die Anwendung von Methoden, welche im Unternehmen eingeübt wurden. Ein jedes Unternehmen kann eigene Methoden priorisieren, aber letztendlich sind es bewährte arbeitswissenschaftliche Ansätze.

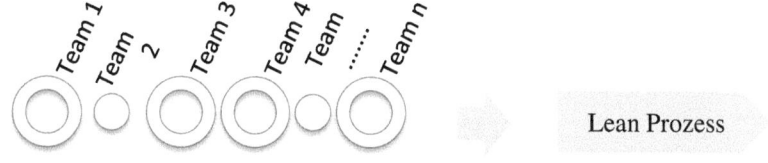

Abbildung 29: Viele Lean Teams

Aktivieren Sie die kreative und schöpferische Seite der Mitarbeiter durch Schulungen und Informationen und ernten Sie die ungenützten betrieblichen Ressourcen. Gemäß dem Slogan: „Mit Kreativität gegen Routine und Starrsinn." Die Zugpferde und Champions, welche die Sache vorantreiben, werden ihre Mitstreiter und Befürworter für Verbesserungen.

Lean Management im Einkauf und Beschaffung

3.5. Die Vorteile

Die Vorteile einer Beschaffung nach dem Lean Management Prinzip lassen sich wie folgt aufzählen:

- Der Mensch rückt in den Mittelpunkt der Prozessbetrachtung
- Hohe Anzahl an KVP Vorschlägen (Mitarbeiterbeteiligung)
- Mit geringem finanziellem Einsatz gute Ergebnisse erzielen
- Standardisierung der Teile und Produkte sowie fertigungsgerechte Konstruktionsteile und fließende Betriebsorganisation
- Weniger Fehler per Arbeitsschritt in der Produkterzeugung
- Abbau der nicht-produktiven Arbeitsgänge und Beschäftigten
- Synchronisation der Arbeitsschritte und Rhythmus
- Vermeidung von Sonderleistungen
- Beschränkung auf Kernaktivitäten
- Steigende Komplexität nicht automatisieren, sondern reduzieren
- Maximierung des Kundennutzens
- Anwendung von Konkurrenzanalysen und Benchmarks
- Niedriger Raumbedarf und niedriger Kapitalbedarf
- Trennung in Aktivitäten mit Wertzuwachs und Aktivitäten ohne Wertzuwachs

Abbildung 30: Vorteile des Lean Management

Die sichtbaren Veränderungen in der Aufbauorganisation:

- Reduzierte Anzahl an Lohngruppen und flache Hierarchien, einfaches Lohnsystem mit Anreizsystem
- Beeinflussung durch den Mitarbeiter am Einzelprozess entsteht

Definieren, aufzeigen und praxisgerecht umsetzen

- Mitarbeiter verbinden wieder Denken und Handeln, zeigen Verantwortung
- Permanentes Lernen, Weiterbildungsprogramme für Mitarbeiter, auch durch Zulieferer
- Von der Spezialisierung des Mitarbeiters zum vielseitig einsetzbaren Mitarbeiter
- Geringe Schleifen & Hürden der Entscheidungen, Entscheidungen am Ort der Wertschöpfung
- Outsourcing von Arbeitsschritten der Beschaffung

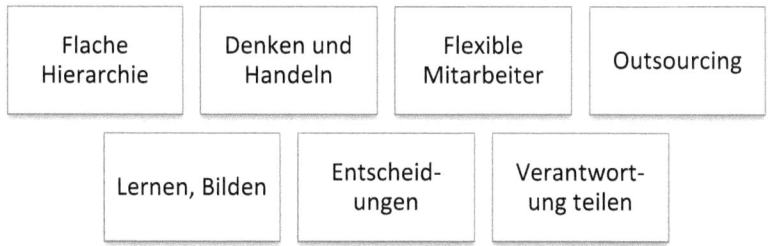

Abbildung 31: Lean Veränderungen der Aufbauorganisation

Die sichtbaren Veränderungen in der Ablauforganisation (Prozess):

- Aufzeigen der Probleme am Punkt der Wertschöpfung (anstelle des Verdeckens der Probleme durch hilfsbereite Mitarbeiter)
- Reduktion der Arbeitsschritte in der Beschaffung
- Hoher Automatisierungsgrad in der Bestellung
- Verarbeitung kleiner und großer Stückzahlen sowie schnelles Rüsten
- Vertrauen ersetzt die Kontrolle

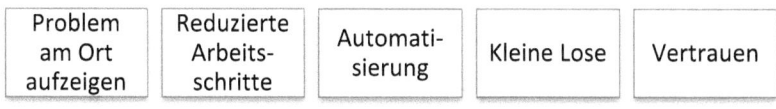

Abbildung 32: Sichtbare Veränderungen der Ablauforganisation

Lean Management im Einkauf und Beschaffung

Die sichtbaren Veränderungen in der Beschaffungsstruktur (Bezugsquelle/Lieferant):

- Hoher Anteil an tief integrierten Lieferanten/-systemen sowie
- Reduzierte Anzahl der Lieferanten und mehr Teile per Lieferant inklusive single sourcing
- Zulieferer gestaltet mit durch Früheinschaltung oder tiefe Integration
- Hoher Zukauf und niedrige Fertigungstiefe
- Als lernendes Unternehmen mit Strukturen, die den know-how Fluss nach innen erlauben an den Adressaten

Lieferant enintegration	Mehr Teile per Lieferant	Lieferanten Integration	Hoher Zukauf	Lernendes Unternehmen

Abbildung 33: Sichtbare Veränderungen der Beschaffungsstruktur

In kurzen Sätzen zusammengefasst, zeigen sich die Auswirkungen des Lean Managements in der Beschaffung in einer neuen Rolle der Lieferanten (= Integration), einer neuen Rolle der Mitarbeiter (Team, denken und handeln), dem Umfang an Fremdbezug sowie der verbleibenden Kernbereiche für das Unternehmen (Sohn, 1993, S. 20).

3.6. Das Projektmanagement

In der Rolle des Projektleiters wird die operative Planung und Steuerung des Projektes verantwortlich übernommen. Er ist verantwortlich für das Erreichen von Sach-, Termin- und Kostenzielen im Rahmen der Projektplanung und -realisierung. Teamorientiertes gemeinsames Auftreten und Arbeiten sollte ihm wichtig sein.

Definieren, aufzeigen und praxisgerecht umsetzen

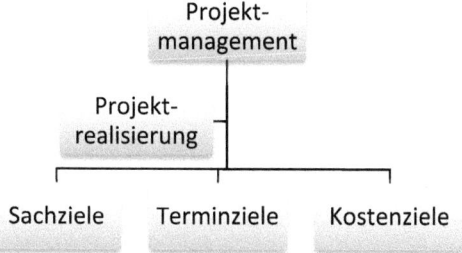

Abbildung 34: Das Projektmanagement

In der Rolle des Projektleiters wird die operative Planung und Steuerung des Projektes verantwortlich übernommen. Er ist verantwortlich für das Erreichen von Sach-, Termin- und Kostenzielen im Rahmen der Projektplanung und -realisierung.

In der beschriebenen Aufgabenstellung und Organisationsform trifft der Projektleiter auf lokale Teams, sowie deren teamorientiertes gemeinsames Auftreten und Arbeiten.

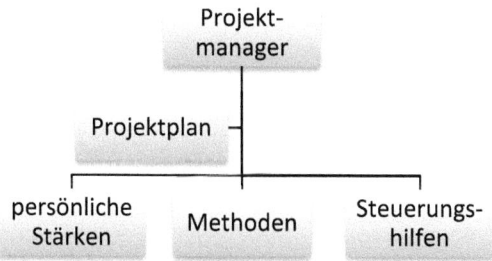

Abbildung 35: Der Projektmanager

Die Stärken eines Projektleiters

- Gut organisiert, sowie Zeit- und Selbstmanagement
- Erfahrung in Mitarbeiterführung, klarer Stil und Authentizität
- Kann sich vor das Team stellen, bei äußerem Druck
- Guter Kommunikator

Lean Management im Einkauf und Beschaffung

- Kann E-Mails, Protokolle und Projektberichte aussagekräftig formulieren und visualisieren
- Kann Ziele definieren und priorisieren, Prioritäten setzen
- Kann delegieren und nachhalten
- Kann Lob und Kritik verteilen
- Hat Expertenwissen, kann sich schnell Informationen aneignen
- Kann in Herausforderungen denken und nicht in Problemdimensionen
- Kann Aufwand und Ergebnis von Tätigkeiten in die richtige Relation setzen
- Fachliche Fähigkeiten und Fertigkeiten
- Bereitschaft zur Zusammenarbeit

Die detaillierte Ausarbeitung und ständige Optimierung der Aufgabenstellung, inklusive der Ergebnisberichte, sichern einen kontinuierlichen Fortschritt und bewahren vor allzu großen Abstürzen. Um die anstehenden Herausforderungen zu bewerkstelligen, bedient sich der Projektleiter methodisch folgender Steuerungs- und Ergebnishilfen (Heim, global deliveries, 2005):

- Integrationsplanung (Teambildung)
- Spielregeln für das Team
- Team Organisationsplan (Hierarchie, Rollen) und Förderung des Networking
- Kommunikationsplan und Kommunikationswerkzeuge festlegen
- Eindeutige Aufgabenzuordnung mit Auftragsendkriterien
- Telefonkultur und E-Mail Kultur
- Reviews mit den Teammitgliedern
- Projekt Audits
- Ergebnisberichte

Definieren, aufzeigen und praxisgerecht umsetzen

3.7. Die Zusammenfassung der Umsetzungsplanung

Eigenschaften	Ausprägung 1	Ausprägung 2	Ausprägung 3	Ausprägung 4
Organisation	Projektdefinition	Ablaufplan	Leitfragen	Timwood
Mensch	Lean Team	Fachgebiet	ungeeignete Team Mitglieder	Team Building
Methode	Lean Lösungen	Lean Werkzeugkiste	Lean Arbeitsblatt	Arbeitsschritt/ - prozess
Motivation	Denken und Handeln	Viele Lean Teams	Schulung Lean und KVP	Schulung Team / soft skills
Projektmanagement	Information	Vorteile	Projektdefinition	Ergebnisberichte

Tabelle 6: Der Umsetzungsplan als morphologischer Kasten

Lean Management im Einkauf und Beschaffung

4. Die Einführung Lean Management in der Beschaffung

4.1. Der Ablaufplan

Die Ablauffolge für die Umstellung der Beschaffung auf ein Lean Management durchläuft folgenden Ablauf:

- Reduktion der Stäbe und Hierarchien (= Verschwendung) in der Beschaffung ➔ Kapitel 4.4.
  a. Die Einführung der Einkaufsteams.
  b. Die Schulung/Qualifikation der Einkäufer zu Lean Management
  c. Die Schulung/Qualifikation der Einkäufer zur Teamarbeit

- Überarbeitung und Ausbau des vorhanden EDV-Systems (SAP) ➔ Kapitel 4.6 - 4.7
  a. Umsetzung der Optimierung der Beschaffung inkl. einer hohen Automatisierung
  b. Pflege der Stammdaten
  c. Überwachung der Systemdaten mittels Plausibilitäten

- Vermeidung der Verschwendung ➔ Kapitel 4.9 - 4.10
  a. In der Beschaffung/Einkauf
  b. Einführung des Kontinuierlichen Verbesserungprozesses (KVP)

- Prüfen der Eigenfertigung und des Fremdbezuges ➔ Kapitel 4.12
  a. Ausbau des Outsourcing
  b. Reduktion der Anzahl Lieferanten und Teile
  c. Integration leistungsfähiger Lieferanten
  d. Nutzung von Lieferantenlösungen: Konsignation, JIT, Lieferantenläger, Baugruppen, ...

- Mitarbeit an der Unternehmensaufgabe: Standardisierung der Produkte und Varianten

Definieren, aufzeigen und praxisgerecht umsetzen

Große Fortschritte erreicht man durch das Lean Management in der Beschaffung durch die Standardisierung der Materialien und die tiefe Integration weniger leistungsstarker Lieferanten. Zur Standardisierung der Produkte und Varianten verweise ich auf mein Fachbuch, welches sich ausführlich diesem Thema und Vorgehen widmet: Schwalbach, L. (2010). *Auswahl, Auslistung und Eliminierung von Artikeln*. Norderstaedt: BoD Verlag.

- Reduktion der Stäbe und Hierarchien
- Ausbau des EDV-Systems
- Vermeidung der Verschwendung
- Prüfung Eigenfertigung und des Fremdbezugs
- Standardisierung der Produkte und Varianten

Abbildung 36: Der Ablaufplan zum Lean Management

4.2. Das Modellunternehmen

Um nachfolgende Aktionen griffiger zu machen, wird das Modellunternehmen Fa. Staub &Rein GmbH vorgestellt:

- Umsatz: 45 Mio. Euro. Rendite 2,0 %
  Mitarbeiter: 350 MA in D- 88250 Weingarten
- Produkte: Staubsauger
  Eigentum: Inhabergeführt in der dritten Generation
- Eigener Vertrieb überwiegend Deutschland und West-Europa, sowie Kenia und Äthiopien
- Datenverarbeitung: SAP R/3 Vollanwender

Lean Management im Einkauf und Beschaffung

Das Unternehmen Fa. Staub &Rein GmbH produziert Staubsauger in zwei Typen:

- als Bodensauger (Sauger folgt dem Saugrohr am Boden auf Rollen) und
- Handsauger (Gehäuse und Saugrohr fest verbunden).
- Nicht angeboten werden Spezialsauger (Nass), Akkusauger, Fenstersauger, beutellose Sauger oder Robotersauger

Die Staubsauger der Fa. Staub &Rein GmbH[15] bestehen laut Stückliste aus:

Die Staubsauger sind in den Farben Blau, Rot, Gelb und Weiss sowie in den Leistungsdaten 800 Watt, 1.200 Watt und 2.000 Watt erhältlich. Ebenso gibt es eine eco Umwelt Version welche CO_2 reduziert ist. Das Sortiment besteht somit rechnerisch aus 48 Varianten[16.]

- Rechnung = 2 Typen x 4 Farben x 3 Leistungen x 2 eco Umwelt = 48.
- Die Stückliste und Bezüge:
- Die Kaufteile sind Staubsauger Beutel, Kabel inkl. Wicklung und Schalter, Motor und Bodendüse.
- Die Eigenfertigung sind Gehäuse, Rohre und Verlängerungen.
- Die Montage und Verpackung erfolgt im Montagewerk Weingarten eigenständig.

---

[15] *Anmerkung: Die Firma Staub &Rein GmbH ist eine theoretische Modellfirma für das Buch. Sie ist frei erfunden und alle in diesem Lean Management Buch geschilderten Vorgänge, Zahlen oder Personen sind frei erfunden. Ähnlichkeiten mit bestehenden oder vergangenen Menschen oder Unternehmen wären zufällig und nicht beabsichtigt.*
[16] *Anmerkung: Die Adaption der landestypischen Stromanschlüsse und Spannungen wird vernachlässigt, aus Gründen der Übersichtlichkeit.*

Definieren, aufzeigen und praxisgerecht umsetzen

4.3. Die Klärung der Kunden- und Qualitätserwartung

Klärung der Kundenerwartung | Kundenerwartungen |

Aus aktuellen Marktanalysen und Studien konnten die Kundenanforderungen[17] aus Kundensicht ermittelt werden.

- Saugen auf Teppichboden, Hartboden sowie Faseraufnahme von Polstern
- Saugen in Ritzen
  Staubrückhaltevermögen durch Mikrofilter
- Geräusch auf Teppichboden unter 80 dB
  Aktionsradius mindestens 12 Meter
- Energieeffizienzklasse: B – A
  Einfacher Beutelwechsel
- Modernes Design
  Parkfunktion des Saugrohres

Klärung der Qualitätserwartung des Kunden | Qual.-Ewartung |

Aus aktuellen Marktanalysen und Kundenstudien konnten die Qualitätsanforderungen[18] aus Kundensicht ermittelt werden.

- Zuverlässiges Saugen und schlagfestes Gehäuse
- Allergikergeeignet und Garantie mindestens 3 Jahre

---

[17] *Anmerkung: Vergleiche unter URL http://www.siemens-home.bsh-group.com/de/produktliste/ staubsauger/bodenstaubsauger vom 01.01.2017 und URL http://www.chip.de/artikel/Staubsauger-kaufen-Das-sollten-Sie-wissen_63119730.html*
[18] *Anmerkung: Vergleiche unter URL http://www.testberichte.de/haushaltsgeraete/2588/staubsauger.html, 01.01.2017*

Lean Management im Einkauf und Beschaffung

4.4. Die Aufbauorganisation des Einkaufs

Klassisch wird die Einkaufsabteilung (EK) unterteilt in die strategische Beschaffung und die operative Beschaffung. In kleinen Unternehmen können die Funktionen in einer Person gebunden sein. Auf die Ausführungen zu einem „advance procurement – frühinvolviertem Einkauf" wird in diesem Kapitel verzichtet.

Eigentlich selbstverständlich, aber nicht immer anzutreffen, ist die Trennung des Einkaufs in die zwei Bereiche operativer (op.) und strategischer (strat.) Einkauf. Die Trennung bewirkt, dass nicht jeder Einkäufer alle Einkaufstätigkeiten wahrnimmt, sondern dass Schwerpunkte gesetzt werden. Während der operative Einkauf alle Tätigkeiten der Materialbestellung wahrnimmt, übernimmt der strategische Einkauf das Lieferantenmanagement in Richtung Länder-, Preisentwicklung und Lieferantenerziehung. Da der strategische Einkauf vom zeitraubenden Tagesgeschäft entfernt ist, gewinnt er Zeitanteile, welche er in die Lieferantenentwicklung und –erziehung zu Lieferpünktlichkeit einbringen kann. Weiterhin steigt sein auf den strategischen Einkauf gebündeltes Einkaufsgewicht/-stellung gegenüber dem Lieferanten.

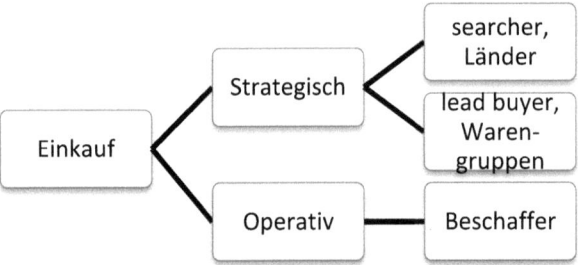

Abbildung 37: Organigramm Einkauf

Mit der Einführung der Prinzipien des Lean Managements steht die Bildung überschaubarer Einheiten/ Teams, selbstregelnd und entscheidungsstark, im Vordergrund. Damit werden Kostensenkungen durch Änderung des Verhaltens der Mitarbeiter kombiniert, mit

Definieren, aufzeigen und praxisgerecht umsetzen

strukturellen Anpassungen der Arbeits- und Unternehmensorganisation.

Für das Lean Management im Einkauf (EK) muss die klassische scharfe Trennung in strategischen (strat.) und operativen (op.) Einkauf ebenso aufgehoben werden, wie deren räumliche / organisatorische Distanz. Wir orientieren uns an dem Gedanken der „Bildung überschaubarer, selbstregelnder und entscheidungsstarker Einheiten (= Teams)".

Die Struktur des Teams muss nicht 1:1 personenorientiert zu 100 % vorliegen. In der Regel verfügen Unternehmen nur über eine Handvoll strategischer Einkäufer, aber dreimal so viele operative Einkäufer.

Die Umsetzung des Lean Managements in die Beschaffung bringt folgende Einkaufsorganisation, welche sich nach den Warengruppen (Produkten) des Modellunternehmens Sauber & Rein GmbH orientiert.

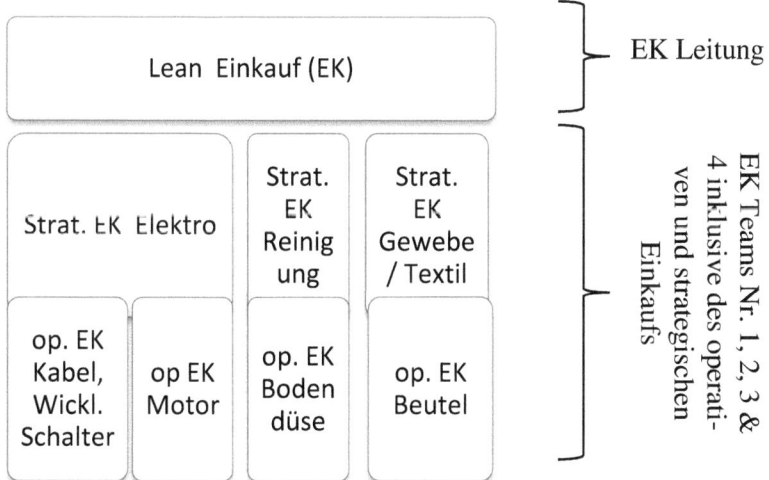

Abbildung 38: Organisation[19] des Lean Management Einkaufs

---

[19] *Anmerkung: Die Organisation wird mit den weiteren Ausarbeitungen und dem Erkenntnisgewinn in Kapitels 4 fortführend eine Anpassung erfahren.*

Dieses Modell der Zusammenarbeit erstreckt sich bis auf die räumliche Gestaltung und Sitzordnung der Teams. Barrieren und Hemmnisse der Kommunikation und der Zusammenarbeit müssen abgebaut sein.

Eine weitere Lean Management Anpassung erfolgt aus der Sichtung der Entlohnung.

Viele dem Manteltarifvertrag unterliegende Unternehmen gruppieren ihre Mitarbeiter/-innen nach dem ERA Tarifsystem mit Entgeltgruppen beispielsweise E7, E9, E11 ein, inklusive einer prozentualen Zulage.

Die Verteilung der Ist Lohngruppen entspricht in den gewachsenen Organisationen in der Regel nicht mehr einer Gauß'schen Normalverteilung[20]. Mit der Behauptung, dass die Verteilung der Lohngruppen als Glockenkurve um das Normal erfolgen sollte, müsste es eine linear abnehmende Verteilung der Lohngruppenempfänger geben.

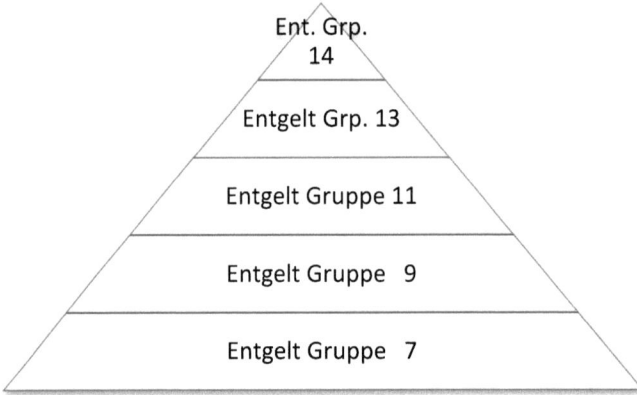

Abbildung 39: Gauß'sche Normalverteilung der Entgeltgruppen

---

[20] *Anmerkung: Bezeichnung nach Johann Carl Friedrich Gauß, Mathematiker (1777- 1855). Die nach ihm benannte Gauß Verteilung, stellt eine Verteilung der Häufigkeiten als Glocke um den Normalwert dar. Sie begründet einen wichtigen Typ in der Wahrscheinlichkeitsrechnung und -verteilung. Sie wir auch Gauß'sche Verteilungskurve genannt.*

Definieren, aufzeigen und praxisgerecht umsetzen

Beispiel:

Entgeltgruppe 7 = 5 Mitarbeiter, Entgeltgruppe 9 = 3 Mitarbeiter, Entgeltgruppe 10 = 2 Mitarbeiter, Entgeltgruppe 11 = 1 Mitarbeiter, zuzüglich der Führungskraft Entgeltgruppe 14.

Tatsächlich findet man in den gewachsenen Unternehmen und Hierarchien folgende Verteilung: Entgeltgruppe 7 = 1 Mitarbeiter, Entgeltgruppe 9 = 2 Mitarbeiter, Entgeltgruppe 10 = 3 Mitarbeiter, Entgeltgruppe 11 = 3 Mitarbeiter, Entgeltgruppe 13 = 2 Mitarbeiter, zuzüglich der Führungskraft Entgeltgruppe 14.

Die Entgeltgruppen müssen auf die Normalverteilung zurückgeführt werden und entsprechend neu zugewiesen werden. Keine Angst vor dem „Aufschrei", denn nach dem heutigen Tarifrecht wird es keine Lohnkürzungen geben, sondern richtige ERA Gruppierungen mit „sehr hohen prozentualen Zuschlägen". Eben nur „normal" verteilt ⇔ ebenso wie die neuen Lean Anforderungen an den Einkaufsjob.

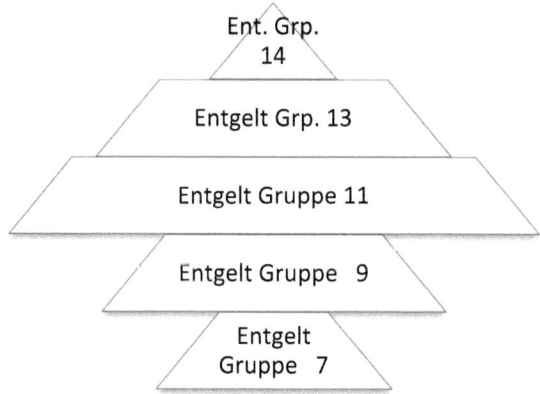

Abbildung 40: Die tatsächliche Verteilung der Entgeltgruppen

Die letzte organisatorische Anpassung der Beschaffung auf das Lean Management betrifft den Abbau der Produktionsreserven, gebunden in Stäben und Hierarchien, welche als Verschwendung zu betrachten sind.

Lean Management im Einkauf und Beschaffung

Der Kunde bezahlt nur für die Wertschöpfung, das heißt für die Eigenschaften, welche den Wert des Produkts oder der Dienstleistung steigern oder hinzugefügt werden. Ebenso auch nur für die Organisationsform, welche dazu nötig ist. Nach der Umsetzung könnte es so gestaltet sein:

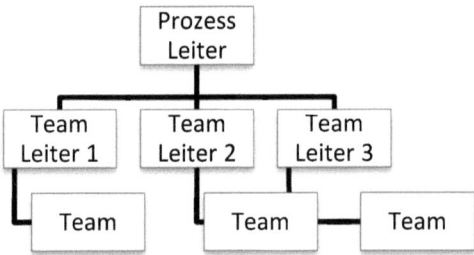

Abbildung 41: Reduktion der Hierarchien

Nach dem Abschluss der organisatorischen Anpassungen und Gründung der Einkaufsteams, müssen die Lean Management Bestrebungen den Kollegen-/innen vermittelt werden. Dazu sind zwei Formen der Schulung notwendig.

- Schulung /Qualifikation der Einkäufer zu Lean Management Denken und Handeln
- Schulung /Qualifikation der Einkäufer zur Teamarbeit

Die Schulungen können intern oder extern durchgeführt werden. Aus der Praxis hat es sich bewährt, die Schulungen zum Lean Management Denken und Handeln und der Teamarbeit mit dem Teilprojekt Start und beteiligten Mitarbeitern-/innen zu beginnen. Die Schulungen müssen nicht vor dem Projektstart abschließen, sondern können durchaus während der Einführung und Umsetzung beibehalten werden. Dabei ist darauf zu achten, dass die Schulungen den Bedarf treffen und praxisgerecht am und für die beteiligten Mitarbeiter-/innen erfolgen.

Definieren, aufzeigen und praxisgerecht umsetzen

Abbildung 42: Schulungen der Lean Team Mitglieder

Große Fortschritte erzielt man durch das Lean Management in der Beschaffung durch die Standardisierung der Materialien und die tiefe Integration weniger leistungsstarker Lieferanten. Allerdings ist darauf zu achten, dass die gewünschten Kosteneinsparungen nicht durch den Ausbau des Einkaufs kompensiert werden. „Beschaffungsmarketing erhält im Lean Management ein neues und wesentlich stärkeres Gewicht als bisher." (Sohn, 1993, S. 40).

4.5. Das Team Building

Für das Lean Management ist das Arbeiten in kleinen Teams und Gruppen ein wesentlicher Ansatz. „Gruppen bezeichnet eine Wir-Gruppe, in der das Zusammengehörigkeitsgefühl stark ausgeprägt ist, die den Mitgliedern Schutz für deren Loyalität gewährt und ihnen ein Identitätsgefühl vermittelt". (G. Hofstede, 2005, S. 524).

Zur Beschreibung der Merkmale eines typischen Lean Management Teams finden wir wertvolle Ansätze wie folgt, nach Bösenberg (Bösenberg Dirk, 1993, S. 54).

- Wir denken im System (Unternehmen)
- Wir informieren im Netzwerk (und nicht Simplex, Duplex)
- Wir organisieren uns in Teams oder Projektteams
- Wir treffen Entscheidungen im Team
- Wir arbeiten an der Optimierung des ganzen Systems mit
- Wir stellen Fragen nach genutzten Ressourcen
- Wir eliminieren Fehler und Fehlleistungen
- Wir verbinden Arbeiten und Denken

Lean Management im Einkauf und Beschaffung

- Wir nutzen und integrieren alle Ressourcen wie Kollegen, Kunden und Lieferanten

In der neuen Gruppe führen folgende Ausprägungsformen zu einer erfolgreichen Teambildung (vgl. Podsiadlowski, 2002, S. 148):

- Ziele: Klar definierte, gemeinsam festgelegte, übergeordnete Ziele
- Belohnung: Erfolge belohnen, Belohnung für individuelle und Gruppenleistungen
- Normen: Gruppennormen, Festlegung der Spielregeln und klare Verantwortlichkeiten
- Zeit: Ausreichende zeitliche Kapazität, besonders in der Anfangsphase, Zeit zum Kennenlernen geben, gemeinsame Schlüsselerfahrungen zu machen
- Kontakt: Persönlicher Kontakt, Treffen, Möglichkeiten geben, gemeinsame Schlüsselerfahrungen
- Gruppensitzung: Moderieren, Einsatz unterstützender Techniken, Sicherung und konsequente Überprüfung der Ergebnisse
- Kommunikation: Informationssystem, positive Gestaltung des Kommunikationsprozesses, face-to-face Kommunikation, Sprache,
- Struktur: Beschränkung der Gruppengröße, Zusammensetzung
- Aufgabe: Struktur, Komplexität, Organisation, gemeinsamer Arbeitsansatz, Arbeitsplanung, Aufgabenorientierung, Leistungsstrategie, Entscheidungsfindung, Konfliktlösung, Problemlösung
- Zusammenhalt: Vertrauen, Kooperation

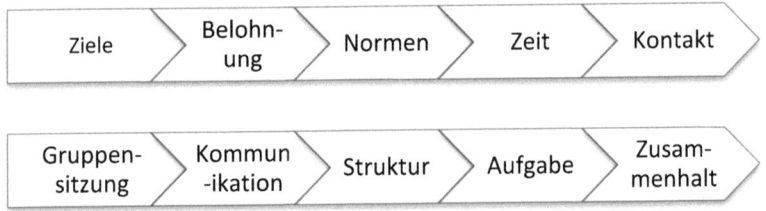

Abbildung 43: Die Team Ausprägungen

Definieren, aufzeigen und praxisgerecht umsetzen

Das Teambilden selbst erfolgt über die nachfolgenden vier Entwicklungsstadien[21] der Gruppe als Prozess mit Wiederholungen vgl. Tuckmann (Tuckman, 1965, S. 348f):

- Orientierungsphase (forming)
- Entstehungsphase des Teams. Mitglieder finden ihre Rolle. Streben nach zurückhaltendem Kennenlernen. Aufgabenstellungen und die Teamführungskraft stehen im Vordergrund.
- Konfrontationsphase (storming)
- Machtkämpfe, Meinungen und Gefühle werden offen ausgesprochen. Die Teammitglieder stellen sich („Ich") selbst dar und kämpfen um die informelle Führung. Ziele werden aufgezeigt, die Aufgabenrollen definiert.
- Kooperationsphase (norming)
- "Wir"-Orientierung, Ideen und Gedanken werden offen ausgetauscht. In einem freundschaftlichen Klima des Vertrauens herrscht Kooperation. Die solide Arbeitsplattform ist gefunden und wird ausgebaut. Das Team wächst zusammen, die Führungskraft koordiniert Teammitglieder und Aufgaben.
- Wachstumsphase (performing) und
- Teamenergie fließt in die Aufgabenbewältigung, hohe Gruppenkohäsion. Visionen werden vorgegeben. Das Gefühl, etwas Größeres zu leisten und dazuzugehören, herrscht vor. Das Selbstwertgefühl und die Motivation der Mitglieder wird gesteigert.

Abbildung 44: Die Teambildung

Die Durchführung der Teamschulung erfolgt häufig durch neutrale externe Schulungsanbieter, mit dem die Anforderungen sowie dessen Methodik der Vermittlung detailliert besprochen wurden. Das Teambilden erfolgt durch theoretische und praktische Anteile an der Schu-

---

[21] *Anmerkung: Die Auflösungsphase (adjourning) wurde bewusst ausgelassen, da es sich um einen dauerhaften Aufbau eines Projektteams handelt.*

lung. Wichtig ist, dass das zu bildende Team schnell gemeinsame Erlebnisse und Erfahrungen durchlebt, welche das Wir-Gefühl steigern.

Idealerweise folgen auf die theoretischen Grundlagen einfache sportliche Outdoor-Aktivitäten wie Kanufahren oder Hochseilgarten, welche im Fortgang des Formens der Gruppe in die aufgaben-/projektbezogenen Teamübungen überleiten, um einen langsamen Start des Projekts zu fördern.

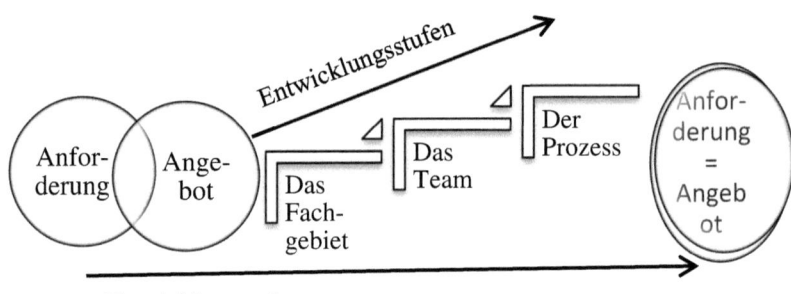

Abbildung 45: Die Bausteine der Qualifizierung

Alle Schulungen sind mit einer regelmäßigen Leistungskontrolle abzusichern und nach Abschluss der Teambildung durch die Teilnehmer zu evaluieren. Im Falle von Defiziten muss gezielt und gegebenenfalls individuell nachgeschult werden.

Der Umgang mit Schwierigkeiten ist abhängig von Wissen, Einstellung und Motivation der Gruppe, beeinflusst durch deren Denk- und Handlungsmustern (vgl. Podsiadlowski, 2002, S. 52).

Die Lösungsmöglichkeiten und Strategien als Gegenbewegung zu den entstehenden Risiken und Chancen von Arbeitsgruppen sind den Ausführungen von Adler, 1991; Ilgen et. Al., 1997; Smith & Noakes, 1996; Triandis et. Al., 1994 aus (Podsiadlowski, 2002, S. 117) entnommen:

Definieren, aufzeigen und praxisgerecht umsetzen

- Problemlösung durch Sozialisation
- Mentoring: psychosoziale, vertikale Unterstützung und individuelle Karriereförderung
- Soziale Netzwerke: Förderung horizontaler, interpersoneller Beziehungen in und außerhalb des Berufsalltags
- Entwicklung interkultureller Kompetenz, Lernen auf der Ebene der Kognition, der Emotion und des Verhaltens in interkulturellen Trainings
- Betonung der Gemeinsamkeiten
- Vermeidung von Statusunterschieden innerhalb der Gruppe, gemessen an dem Wertsystem der Gruppenmitglieder
- Orientierung an gemeinsamen Zielen und Verdiensten
- Förderung von positiven, erfolgversprechenden Interaktionsmöglichkeiten
- Bildung homogener Arbeitsgruppen mit spezifischen Aufgabenbereichen, aber übergeordneten, verbundenen Zielen
- Aufgabenorientierter Einsatz von Diversität in Arbeitsgruppen: bei Idee- und Entscheidungsfindung, hohe Diversität; bei Implementierung- und Routineaufgaben geringe Diversität
- Berücksichtigung des Zeitfaktors: Die Vorteile von Diversität kommen insbesondere bei langfristiger Zusammenarbeit zum Tragen, deshalb sollte für eine hohe Stabilität der Arbeitsgruppe genug Zeit zum Kennenlernen gegeben sein; hohe Diversität für kurzfristige Aufgaben ist unter Umständen kritisch

4.6. Der EDV-automatisierte Einkaufsprozess

Die folgenden Ausführungen sind an dem SAP R/3 System orientiert und beschreiben die Umsetzung der Optimierung sowie einer hohen Automatisierung in der Beschaffung. Die Ausführungen sind im Grund vergleichend übertragbar auf gleichwertige Systeme wie Baan oder Navision. Der Autor hat mittlerweile mehr als fünfzehn Jahre Erfahrungen mit dem SAP R/3 System und das Modellunternehmen Fa. Staub &Rein GmbH ist SAP Vollanwender.

Lean Management im Einkauf und Beschaffung

Die SAP Optimierungen in der Beschaffung wurden überwiegend aus den Schriften von Hoppe (Hoppe, Bestandsoptimierung mit SAP, 2005), (Hoppe, Disposition mit SAP, 2008) und Hellberg (Hellberg, 2012, S. 219f) entnommen.

Das SAP R/3 System verfügt über folgende Einstellungen einer optimierten Beschaffung[22], welche im Sinne des Lean Management in der Beschaffung empfehlenswert sind:

- Automatische Bezugsquellenfindung zur automatischen Bestellung
- Nutzung von Kontrakten zur schnellen Bestellumsetzung
- Anwendung der Orderbuchsätze für Warengruppen
- Sammelbearbeitung von Bestellanforderungen
- Individualisierung der Benutzerparameter
- Elektronische Belegfreigabeverfahren einer Bestellung
- Einstellungen der Nachrichtenfindung

Abbildung 46: EDV-Automatisierungen in der Beschaffung

Automatische Bezugsquellenfindung zur automatischen Bestellung

Die automatische Bezugsquellenfindung dient der automatischen Umsetzung der Bestellanforderung Position in eine Bestellung. Dazu greift das System auf gepflegte Bezugsquellen wie Einkaufsinfosätze, Kontrakte oder Bestände in den Schwesterwerken zu. Sie ver-

---

[22] *Anmerkung: Die Gruppierung erfolgt auf freier Wertung und Interpretation des Autors.*

Definieren, aufzeigen und praxisgerecht umsetzen

meiden die Anfragen, die Bestellung wir sofort umgesetzt. Um Differenzen oder Eingriffe zu verweisen, ist eine Bezugsquelle eindeutig zu pflegen. Wichtig zur Fixierung der Bezugsquelle im System ist die Prüfung des Bezugspreises, gegen die alternativen Bezugsmöglichkeiten, um wirtschaftlich zu handeln.

Alternativ kann auch ein Regellieferant dem Material als feste Bezugsquelle zugewiesen werden. Dies hat den Vorteil, dass Sie auf Orderbücher verzichten können. Der Einkaufsinfosatz muss vorhanden sein.

Möchte man aus mehreren Bezugsquellen wählen, ist der Eingriff des Einkäufers notwendig, welche die Bestellung auf einen Lieferanten zuordnen muss (SAP Transaktionen: ME25, ME56, ME57).

Nutzung von Kontrakten zur schnellen Bestellumsetzung

SAP kennt eine Reihe von Kontrakten wie Mengenkontrakt, Wertkontrakt, Limit Bestellungen und Lieferpläne. Die Optimierung durch gültige Kontrakte begründet sich darin, dass auf Ausschreibungen verzichtet wird, ebenso wie die Anlage von Lieferanten. Der Preis, die Lieferzeit und die Lieferantenkonditionen gelten als vereinbart, und die Bestellung kann unmittelbar umgesetzt werden. Dies kann manuell oder automatisch erfolgen.

Anwendung der Orderbuchsätze für Warengruppen

Im SAP Customizing lässt sich werksabhängig einstellen, dass eine gültige Bezugsquelle im Orderbuch gepflegt ist. Dies hat zur Folgewirkung, dass Materialien in dem Werk ohne gültige Bezugsquelle nicht bestellbar sind. Die Analyse der fehlenden Orderbucheinträge liefert SAP als Orderbuchanalyse gleich mit aus. Sind die fehlenden Orderbücher angezeigt, kann deren Pflege wiederum manuell oder automatisch erfolgen, mit der Transaktion „Orderbuch erzeugen". Das Orderbuch wird aus dem Infosatz, dem Kontrakt oder über eine Vorlage anschließend erzeugt.

Lean Management im Einkauf und Beschaffung

Der eigentliche Vorteil liegt in der Möglichkeit, Materialien ohne Nummer oder Kontraktzuweisung mittels der Warengruppenzuweisung zu bestellen. Dazu wird der Haken „Ausschluss" nicht gesetzt.

Sammelbearbeitung von Bestellanforderungen (Banf)

Die Bestellanforderungen können Einzeln (ME51N) oder Gesammelt (ME56 -ME58) bearbeitet werden. Aufgabe ist die Zuweisung auf eine Bezugsquelle. Mittels markieren der Banf ist eine automatische Zuordnung zur Bezugsquelle gemacht oder die Vormerkung zu deren Anfrage. Mittels der Transaktion ME59N erfolgt weiterführend die automatische Bestellung. Das Kennzeichen automatische Bestellungen wird in den Steuerungsdaten des Lieferantenstamms gesetzt.

Individualisierung der Benutzerparameter

Es handelt sich um die Voreinstellung von Vorschlagswerten oder Funktionsberechtigungen, welche das tägliche Arbeiten schneller und einfacher machen. Die Nutzung der persönlichen Varianten zur schnelleren Erfassung mittels Vorschlagwerte.

Die Benutzerparameter (EVO) lassen sich voreinstellen für: Infoupdate, Auftragsbestätigungspflicht, Bestellanforderungen zuordnen und bearbeiten, Bestellung anlegen, Lieferant unbekannt, Preis aus letzter Bestellung kopieren. Mit den Benutzerparametern (EFB) lassen sich die Berechtigungen der Benutzer für Bestellanforderungen und Bestellbearbeitung überprüfen.

Einstellungen der Nachrichtenfindung

Mit den Einstellungen der Nachrichtensteuerung auf Email oder Fax, lassen sich die konventionellen Übertragungswege wie Fax oder Post deutlich beschleunigen.

Definieren, aufzeigen und praxisgerecht umsetzen

Belegfreigabe Verfahren beispielsweise für eine Bestellung

Alle Unternehmen handeln nach gültigen Unterschriftenregelungen und drucken Berge von Papier zur Vorlage und Abzeichnung in einem Vier-Augen-Prinzip aus. In dem Beleg Freigabeverfahren geht es um die Umstellung der Tuschesignatur in eine digitale Signatur. Dies hat den Vorteil schnell, papierlos und theoretisch von überall aus zu erfolgen, inklusive der Vertretungsregeln. In der SAP Welt hat sich idealerweise das elektronische „work flow" Verfahren etabliert.

Das Verfahren prüft elektronisch die Freigabevoraussetzungen, -zustand und –strategie und stellt dem zugewiesenen Freigeber (Einkäufer oder Abteilungsleiter) den Vorgang in Form eines elektronischen Beleges zu Freigabe oder nicht Freigabe zu. Der Vorgang wird protokolliert, sodass der Empfänger der Freigabe und der Sender der Freigabe aktuell informiert sind. Die Vorgänge kann der autorisierte Freigeber einzeln oder gesammelt freigeben. Ein Erinnerungssystem weist den Empfänger auf Rückstände hin und fordert ihn zur Aktivität auf.

Folgende Einstellungen einer optimierten Beschaffung werden aus Sicht des Lean Management in der Beschaffung n i c h t empfohlen und werden nur der Vollständigkeit halber genannt:

- Bestellmengenoptimierung => bedingter Lean Ansatz
- Einstellung der Quotierung => kein Lean Ansatz!
- Lieferantenbeurteilung => bedingter Lean Ansatz in der Beschaffung

Bestellmengen Optimierung	Quotierungen	Lieferanten Beurteilungen

Abbildung 47: Nicht Lean EDV-Automatisierungen in der Beschaffung

Lean Management im Einkauf und Beschaffung

Bestellmengenoptimierung => bedingter Lean Ansatz

Die Bestellmengenoptimierung bezeichnet die Bildung statischer (fester), dynamischer (variabel) oder wirtschaftlicher Losgrößen. Natürlich kann das System auf- und abrunden, auf feste Palettenmengen runden etc. aufgrund der Tatsache, dass Lean Management die Flexibilität zwischen großer Stückzahl (Losgröße) und der Losgröße eins erfordert, ist es lediglich ein wichtiges Einstellfeld im EDV-System für das Lean Management in der Beschaffung.

Einstellung der Quotierung => kein Lean Ansatz

Mit der Quotierung werden gleiche Produkte nach einem einzustellenden Verteilungsschlüssel auf mehrere Lieferanten verteilt. Das hat den Vorteil der Risikosplittung und Vermeidung des single sourcing. Hinweis: Aus Sicht des Lean Managements ist es keine Präferenz, denn das Lean Management strebt die Reduktion auf wenige leistungsfähige Lieferanten an.

Lieferantenbeurteilung => bedingter Lean Ansatz in der Beschaffung

Es kommt darauf an, wer organisatorisch die Lieferantenbeurteilung macht. In der Regel sind in großen Unternehmen die Qualitätssicherungsabteilungen zuständig und nicht die Beschaffung. Diese geben sicherlich Daten der Lieferperformance ab, aber die technische Beurteilung macht die Qualitätssicherung. Nach dem Lean Management Konzept wird auf die Prüfung im Wareneingang verzichtet, da dieser Vorgang Verschwendung ist. Die Lieferantenbeurteilung erfolgt nach Noten und Kategorien seiner Leistung. Der Einkäufer erhält Zahlen und Fakten, wie Mengen- und Termintreue, Preisentwicklung, Qualitätsaudit, Versandvorschriften, Reklamationen, etc. zum Lieferanten und seiner persönlichen Einschätzung. Aus Sicht des Lean Managements ist es keine Präferenz, denn das Lean Management strebt die Reduktion auf wenige nachweislich leistungsfähige Lieferanten an.

Definieren, aufzeigen und praxisgerecht umsetzen

4.7. Der sichere EDV-Betrieb im Einkauf

Der Betrieb eines EDV-Systems ist „unsichtbar" und zeigt sich in Daten und Routinen. Getreu dem Motto „es kann nur das rauskommen, was drinnen ist", darf man dem EDV-System nicht blind vertrauen. Es ist eine Menge an Daten, welche heute in modernen Lieferketten verarbeitet werden. Jeder dieser Datenparameter hat Funktionen und Beziehungen zu anderen Parametern, woraus sich weitere Datenverarbeitungen ergeben[23].

Dem vorhandenen EDV-System die optimale Nutzung zu ermöglichen setzt fehlerfreien Dateneingang voraus. In der Vielfältigkeit eines Unternehmens, wo Daten aller Art erfasst und verarbeitet werden, muss der Datenstamm mittels Plausibilitäten und Datenpflege überwacht werden.

1. Datenpflege
2. Plausibilitätsprüfungen

Abbildung 48: Sicherer EDV Betrieb

Ich empfehle nachdrücklich die regelmäßige und nachhaltige Pflege der relevanten EDV-Daten der Beschaffung. Diese lassen sich auf die Einkaufsinfosätze, Orderbücher und dem Basis Materialstamm reduzieren. Die Aufgabenbeschreibung der Datenpflege sollte wie folgt aussehen:

---

[23] *Anmerkung: seit dem Durchbruch der Datentechnik gilt der alte Grundsatz immer mehr: „shit in = shit out".*

- In enger Abstimmung mit den Systembetreuern der EDV-Abteilung den konstanten und sicheren Betrieb der Systemmodule auf Störungen zu besprechen
- Weiterentwicklungen und System Updates zu testen, bewerten und erst nach Abstimmung einzuführen
- Regelmäßige Schulung und Weiterqualifizierung der Disponenten und Einkäufer am EDV-System
- Pflege, Verwaltung, Kontrolle und Überarbeitung des Datenbestandes mittels Download der Massendaten (ZMMB)
- Routinemäßige Überwachung der Systemdaten auf Fehler durch Anwendung von Plausibilitäten
- Abstimmung der Lieferketten in Zusammenarbeit mit der Beschaffung und Lagerlogistik inkl. der Kommunikation der Vertriebsplanungen in der Beschaffung
- Aktualisierung der Planung durch roulierende Rückkopplung der Planungsabweichungen an den Planungsgeber

Weiterhin empfehle ich unbedingt die Überwachung der beschaffungsrelevanten Daten des EDV-Systems mittels der Programmierung einfacher Überwachungsroutinen (wenn/ dann) und deren Ausgabe.

Selbstverständlich ist alles, was das verwendete IT-System als Datenausgabe erzeugt, gut und richtig. Basierend auf der hinterlegten mathematischen Logik und Programmierung kann es zwangsläufig nicht anders sein.

Mein Ansatz lautet dazu präventiv: Sind die richtigen Daten und Systemeinstellungen überhaupt im System vorhanden?

- Wenn nein, dann sind notwendige Prüfroutinen oder Plausibilitätsprüfungen dringlich zu programmieren oder manuell in Microsoft Excel auf Basis von Datenextrakten zu prüfen.
- Wenn ja, dann können Sie auf das System und die Ergebnisse vertrauen und sie erfüllen die wesentlichste Voraussetzung zu einer automatischen Beschaffung.

Definieren, aufzeigen und praxisgerecht umsetzen

Im Folgenden ist eine Auswahl an Prüfroutinen (Dittrich J., 2009) erstellt, welche ich Ihnen zur einfachen Programmierung und regelmäßigen Datenpflege empfehle. Die Aufzählung ist nicht abschließend, sie wird im einfachen Brainstorming mit den Einkäufern erweitert/ erarbeitet.

- Im Prognosemodell sollte keine Vergangenheitsperiode Null sein (Nulldurchgang)
- Bestellpunktverfahren bedarf eines Meldebestandes
- Dispositionsverfahren muss gepflegt sein
- Vergangenheitswerte sind > Null (und nicht negativ!)
- Ein Hauptlieferant bei Beschaffungsart Fremd, muss aktiv sein
- Losgröße muss grösser/gleich der Mindestbestellmenge sein
- Rundungswert darf nicht kleiner/gleich Losgrösse sein
- Nur zugelassene Einkäufer (lt. Liste) erhalten die BANF
- Ist das ABC-Kennzeichen vorhanden
- Ist die Planlieferzeiten vorhanden
- Ist der Preis per Artikel vorhanden
- Gibt es eine Mengeneinheit per Artikel
- usw.

Plausibilitätsprüfungen

Die gefundenen Prüfroutinen werden anschließend umformuliert als „Wenn – Dann muss", damit die Abfrageroutings für die EDV Abteilung als Plausibilität programmierbar sind.

Wenn	*Dann muss*
Prognose Saison	Parameteroptimierung gehakt und Optimierungsgrad = Fein sein
Dispositionsverfahren PD, R1	Periodenkennzeichen und Planungskalender pflegen
Losgröße	größer/gleich Mindestbestellmenge
Planlieferzeit	Gleich Wiederbeschaffungszeit zu EK Infosatz

Lean Management im Einkauf und Beschaffung

Wenn	*Dann muss*
Rundungswert	kleiner gleich Losgröße
Gepflegtes Prognosekennzeichen Modellauswahl	G, S zugelassen
Gepflegtes Dispositionsverfahren Modellauswahl	nur PD, ND, VM, VB zugelassen
Dispositionsverfahren PD, VM	Lieferbereitschaftsgrad 95 % setzen
Pro gepflegte Sprache Kreditor (Orderbuch)	Materialkurztext in selber Sprache vorhanden sein
Beschaffungsart F und nicht ND	gepflegtes Orderbuch vorhanden sein
Beschaffungsart F	Muss Einkaufsinfosatz vorhanden sein
Prognose	autom. Rücksetzen nicht gehakt sein
Prognose	Parameteroptimierung gehakt sein
Fixierte Perioden der Prognosen	muss Wert = 0 sein
Materialstamm im Einkauf autom. Bestellung gehakt (MM02)	Autom. Bestellung gehakt in EK Info Satz (XK02)
Einkaufswerteschlüssel muss sein = 1 oder 3 (Mahnung)	Einkaufswerteschlüssel ändern
usw....	

Tabelle 7: Die EDV-Plausibilitätsprüfungen

Definieren, aufzeigen und praxisgerecht umsetzen

4.8. Das Abgeben der Nicht-Einkaufstätigkeiten

Lean Management wirkt als Antrieb in den Teams und für deren Flexibilisierung. Nach dem Lean Gedanken wird jeder Arbeitsschritt fehlerfrei an den nachfolgenden Weiterbearbeiter übergeben.

Aus dem weiterführenden Gedanken der Vermeidung der Verschwendung entsteht ein hoher Effizienzgewinn. Das Vollbringen von Tätigkeiten, welche nicht originär dem Arbeitsschritt oder der Abteilung Einkauf zugehörig sind, stellen solche Verschwendungen dar.

Diese Verschwendungen können auftreten als Übernahme der Informations- oder Terminvermittlung für Dritte. Denken Sie beispielsweise an die Koordinierung von Baustellenteams und Material, an die Information des Endkunden zu Lieferterminen, an die Beschaffung fehlender technischer Unterlagen zu einer Bestellung usw.

Vermutlich waren diese Verschwendungen schon immer vorhanden und diese Mängel wurden durch die Einkäufer akzeptiert und mittels Initiative behoben oder gemildert. Auf dem Weg zu einer Lean Beschaffung ist es nicht mehr akzeptabel. Lean Management begründet sich auf der schlanken und schnellen Weiterverarbeitung und dem ständigen Verbessern. Prozessschritte werden am Ort der Leistungserstellung und Zuständigkeit erzeugt. Fehlerhafte Prozesse sind in der Entstehung zu korrigieren und zwar zuständigen Sender. Falsch wäre es, die Prozessfehler durch den Empfänger (Bearbeiter) kaschieren zu lassen, damit dieser seine Aufgabe erledigen kann.

In der Beschaffung werden häufig folgende Nicht-Einkaufstätigkeiten angetroffen:

- Prüfung technischer Zeichnungen auf unvollständige Parameter (Maße, Raum/Lage, Material) oder fehlende Zeichnungen
- Information des Kunden über Liefertermine
- Teilnahme an Projektsitzungen ohne Einkaufsthemen
- Beteiligung an technischen Spezifikationen eines Unternehmensprojekts
- Vermittlung von Daten und Wissen im Unternehmen

Lean Management im Einkauf und Beschaffung

In der Lean Beschaffung werden nicht Einkaufsaufgaben zukünftig nicht mehr wahrgenommen, da diese falsch platziert sind.

Es empfiehlt sich folgendes Vorgehen zum Aufdecken und Umgang mit der Verschwendung:

- Aufzeigen: Befragung der Einkäufer zu ihren nicht einkaufsrelevanten Tätigkeiten oder Selbstaufschreibungen
- Messung: Quantifizieren Sie die Aufwände der nicht einkaufsrelevanten Tätigkeiten in Stunden pro Monat
- Lokalisieren: Ermitteln Sie die Verteilung der nicht einkaufsrelevante Tätigkeiten auf die Verursacher (Konstruktion, Vertrieb usw.)
- Informieren: Informieren Sie alle Verursacher über nicht einkaufsrelevanten Tätigkeiten und deren Anzahl und Häufigkeiten
- Konfrontieren: Konfrontieren Sie alle Verursacher mit der Aussage, dass der Einkauf diese Tätigkeiten zum Tag_Monat_Jahr nicht mehr wahrnehmen wird, und adressieren Sie die Fehlervermeidung an das zuständige Lean Team des Verursachers.
- Teamarbeit[24]: Einladung des verursachenden Teams (zum Beispiel Konstruktion) und Aufzeigen der abteilungsfremden Tätigkeiten und Fehler (sehen, zeigen, beschreiben) zur gemeinsamen Findung und Vereinbarung von Gegenmaßnahmen.

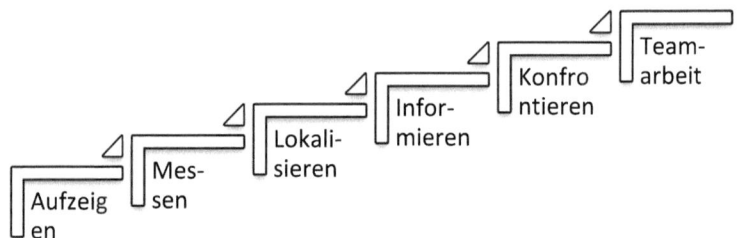

Abbildung 49: Umgang mit Nicht-Einkaufstätigkeiten

---

[24] *Anmerkung des Autors: Einigkeit macht kleine Dinge groß. Zwietracht macht große Dinge klein. (Quelle: Eintracht Trier (SVE 05) e.V. am Vereinshaus.*

Definieren, aufzeigen und praxisgerecht umsetzen

Wenn das alles nicht hilft, dann bleiben die folgenden Gegenmaßnahmen der Verschwendung im Lean Einkauf, bevor das Unternehmen durch illoyale „Blockade" Schaden nimmt.

- Schreiben einer Fehlerkarte oder –meldung
- Zurückweisung der Prozessschritte an den Sender mit der Aufforderung zur Korrektur
- Umlage der Zusatzaufwände und Kosten auf den Verursacher[25] und Meldung an das Controlling zur Erfassung einer Belastungsanzeige

Ausdrücklich wird darauf verwiesen, dass es nicht Sinn und Zweck ist, einen Streit zu beginnen oder auszutragen. Es ist im Interesse des Unternehmens und dem Teamgeist, den Prozess fehlerfrei für jeden Beteiligten zu betreiben. Wir suchen die Ursache, und nicht den Schuldigen.

Wenn man sich schon die Mühe macht, im Dialog mit den Einkäufern die Nicht-Einkaufstätigkeiten zu finden, dann kann man die Frage nach den Verschwendungen mit aufnehmen. Es empfiehlt sich eine Frage nach unproduktiven Wartezeiten des Einkäufers zu formulieren, welche seinen Arbeitsschritt unterbrechen.

- Frage: Welche Verschwendung erleben Sie durch unproduktives Warten auf beispielsweise Entscheidung, Genehmigung, Informationen, usw.

---

[25] *Anmerkung des Autors: Ich habe folgenden Grundsatz in der Industrie erlernt: „Steht es nicht in Excel oder der SAP, dann gibt es die Zahl nicht." Folglich muss der Aufwand in Euro formiert werden und in SAP belastet werden.*

Lean Management im Einkauf und Beschaffung

4.9. Der Einkaufsprozess

Der Bestellprozess ist vereinfacht dargestellt eine Bestellung (SAP ME21N- ME23N), das heißt, eine Aufforderung an einen Lieferanten eine Ware oder Dienstleistung zu senden. Die Ware wird im Wareneingang (SAP MIGO) eingebucht und im Anschluss in der Rechnungsprüfung (SAP MIRO) bezahlt. (Hellberg, 2012, S. 93f).

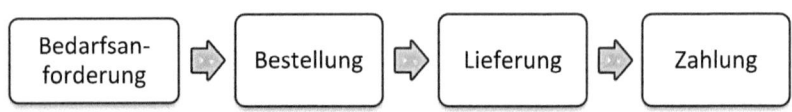

Abbildung 50: Der einfache Beschaffungsvorgang

Um stringent auf das Lean Management Ziel zuzuschreiten, zerlegt man den Beschaffungsprozess in alle Einzelschritte und Aktionen. Folglich sind unsere x´e die Arbeitsschritte, welche auf die Funktion Lean Management (Y) in der Beschaffung Einfluss haben:

Um das Lean Management (Y) in der Beschaffung zu beschreiben, müssen die beeinflussenden x erkannt werden. Lean Management (Y) in der Beschaffung kann letztendlich durch eine unendliche Anzahl von x´en beschreibbar sein. Lean Management (Y) in der Beschaffung = Prozess (Arbeitsschritte $x_1 - x_n$).

Die Darstellung bleibt in einfacher Tabellenform wie aus Microsoft Excel bekannt und ist in Kapitel drei beschrieben und fasst die Einzel-/Arbeitsschritte (x) der Beschaffung[26] zusammen.

---

[26] *Anmerkung: zur Vereinfachung ist der Beschaffungsprozess ohne Retouren, ohne Verpackungsbestand, ohne Lieferantenzertifizierung und ohne Qualitätsaudits.*

Definieren, aufzeigen und praxisgerecht umsetzen

Nr.	Teilbereich/ Arbeitsschritt (X)	Ist Kundenanforderung	Notwendige Qualitätsmerkmale	Art der Verschwendung TIMWOOD	Brauchen wir den Arbeitsschritt	Bezahlt der Kunde den Arbeitsschritt	Müssen wir es selber machen	Vergabe an Extern oder Automatisieren
1	Erstellen der Bestellanforderung	Lt. Spezifikation	Lt. Merkmale		Ja, teilweise	Nein	Ja	möglich
2	Anfragen erstellen	Lt. Spezifikation	Lt. Merkmale		Ja, teilweise	Nein	Nein	Ja
3	Angebotsvergleich	Lt. Spezifikation	Lt. Merkmale		Ja	Nein	Nein	Ja
4	Ermittlung der Bezugsquelle inkl. Kontrakte	Lt. Spezifikation	Lt. Merkmale		Ja	Nein	Evtl.	Ja
5	Bestellung schreiben	Lt. Spezifikation	Lt. Merkmale		Ja	Ja	Ja	Nein
6	Bestellung senden	Lt. Spezifikation	Lt. Merkmale		Ja	Nein	Nein	Ja

7	Auftragsbestätigung prüfen und erfassen	Lt. Spezifikation	Lt. Merkmale		Ja	Nein	Nein	Ja
8	Änderungsmitteilungen an Lieferant	Lt. Spezifikation	Lt. Merkmale		Ja	Ja	Ja	Nein
9	Bestellüberwachung	Lt. Spezifikation	Lt. Merkmale		Ja, leider	Nein	Nein	Nein
10	Lieferung und Wareneingang	Lt. Spezifikation	Lt. Merkmale		Ja	Ja	Ja	Ja
11	Rechnungsprüfung	Lt. Spezifikation	Lt. Merkmale		Ja, leider	Nein	Nein	Ja
12	Zahlungsfreigabe	Lt. Spezifikation	Lt. Merkmale		Ja	Nein	Ja	Nein

Tabelle 8: Die Prozessschritte der Beschaffung

Zur Analyse der Prozesschritte wurden folgende Werkzeuge der Lean Werkzeugkiste angewendet:

- 5 W (frag 5 x warum), Ishikawa (Fischgräten Diagramm), Interview, SAP Optimierung und Pareto Prinzip (ABC)

Erinnern wir uns, dass der Kunde nur für die Wertschöpfung bezahlt, d.h. für die Eigenschaften, welche den Wert des Produkt oder der Dienstleistung steigern oder hinzugefügt werden. Deshalb werden wir nach (Pfeiffer Werner, 1992, S. 209) alle ineffiziente Methoden

Definieren, aufzeigen und praxisgerecht umsetzen

und unlogischen Abläufe beseitigen, die Verschwendung vermeiden und das Denken und Tun im Team wieder verbinden.

In Anlehnung an Kapitel 3.7 Umsetzungsplan kann die Anzahl der Lösungen und Veränderungen in Anlehnung an einen morphologischen Kasten der beteiligten Eigenschaften wie Mensch, Organisation, Team, Externe und Standard aufgezeigt werden.

Lean Management im Einkauf und Beschaffung

Eigenschaften	Ausprägung 1	Ausprägung 2	Ausprägung 3	Ausprägung 4	Ausprägung 5	Ausprägung 6	Ausprägung 7
Unternehmen	Kernaktivität EK	Hoher Kunden Nutzen	Reduzierter Ressourcen Verbrauch				
Mensch	Problemlösung Kompetenz	Denken und handeln	Bringt sich ein	Motiviert, Mensch im Mittelpunkt	Will Fehler vermeiden		
Organisation	Neue ERA Entgeltgeltgruppen	Flache Hierarchie	Reduktion der Stäbe	Flexibilisierung der Mitarbeiter	Hohe Prozessbeherrschung	Output nach Marktbedarf	Räumliche Nähe
Team	Trifft Entscheidungen	Viele kleine Teams	Schulung Lean und KVP	Schulung Team und soft skills			
Extern	Abgabe nicht EK Tätigkeiten	Fremdbezug/ Outsourcing	Abgabe kpl. Arbeitsbeitsschritte	Lieferanten Reduktion	Integration der Lieferanten	Automatisierung EDV	
Standard	EDV Stammdatenpflege und Plausibilität	Standard. Produkte und varianten	Stand. Prozesse	Stand. Materialien	Ohne Verschwendung	Reduktion Komplexität	Reduktion der Materialien

Tabelle 9: Die Merkmalsausprägungen nach den Lean Gruppen

Definieren, aufzeigen und praxisgerecht umsetzen

4.10. Die Diskussion des Einkaufsprozesses

Die folgende Auseinandersetzung konzentriert sich stark auf die operativen Anteile der Beschaffung. Die strategischen Einkaufsthemen (Ländersuche, Lieferantensuche, usw.) stehen in diesem Kapitel nicht im Vordergrund, werden aber im Anschlusskapitel berücksichtigt und integriert.

Nr.	Teilbereich/ Arbeitsschritt (X)	Ist Kundenanforderung	Notwendige Qualitätsmerkmale	Art der Verschwendung TIM WO OD	Brauchen wir den Arbeitsschritt	Bezahlt der Kunde den Arbeitsschritt	Müssen wir es selber machen	Vergabe an Extern oder Automatisieren
1	Erstellen der Bestellanforderung	Lt. Spezifikation	Lt. Merkmale	Overprocessing	Ja, teilweise	Nein	Ja, aber nicht im EK	möglich

Tabelle 10: Das Diskussionsschema des Prozessschritts Empfang der Bestellanforderung

Brauchen wir den Arbeitsschritt Erstellen der Bestellanforderung? Ja, in Teilen schon. Unterscheiden wir in die lagerhaltigen Materialien und die auftragsbezogenen Materialien. Das Lean Management sieht in der Lagerhaltung eine Verschwendung und im auftragsbezogenen Bezug eine Lean Versorgung.

Bezahlt der Kunde diesen Arbeitsschritt? Nein, keinesfalls. Der Kunde denkt im Lean und Kanban Bezug. Aus seiner Sicht gibt es

Lean Management im Einkauf und Beschaffung

keinen Grund, eine Banf zu erstellen, wenn die Warenversorgung anderweitig angestoßen werden kann.

Ist der Arbeitsschritt eine Verschwendung? Ja, teilweise, da ein Papierprozess vom Disponenten angestoßen wird. Der Schritt zur Bestellanforderung sollte allein den Materialien vorbehalten sein, welche aufgrund ihrer technischen Schwierigkeit oder Seltenheit betroffen sind.

Grundsätzlich sollten die Optimierungen des Kanban, der automatischen Bestellung gegen Verbrauchswächter (Bestellpunkt) oder das Konsignationslager den Vorgang des Banfen vermeiden.

Müssen wir es selber machen? Ja, denn in dem Punkt befinden wir uns tief in der Auftragsplanung und Leitstelle eines Unternehmens. Wichtig ist aber, dass die Erstellung der Banf kein Arbeitsschritt im Einkauf ist. Dies würde gegen das Vier-Augen-Prinzip der Gewaltenteilung und Compliance Anweisung verstoßen.

Nr.	Teilbereich/ Arbeitsschritt (X)	Ist Kundenanforderung	Notwendige Qualitätsmerkmale	Art der Verschwendung T I M W O O D	Brauchen wir den Arbeitsschritt	Bezahlt der Kunde den Arbeitsschritt	Müssen wir es selber machen	Vergabe an Extern oder Automatisieren
2	Anfragen erstellen	Lt. Spezifikation	Lt. Merkmale	Overprocessing	Ja, teilweise	Nein	Nein	Ja, extern

Tabelle 11: Das Diskussionsschema des Prozessschritts Anfragen erstellen

Definieren, aufzeigen und praxisgerecht umsetzen

Die Lean Lösungen lauten: Abbau der Verschwendung durch Verzicht auf die Bestellanforderung. Mittels der Einführung von automatischen Lagernachbestückungen oder Kanban Karte nach Entnahme oder Schwellenwert. Die Lager sollten wirtschaftlich dem Lieferanten gehören und eine Konsignation darstellen. Die Erstellung der Bestellanforderung ist keine Tätigkeit des Einkaufs, ist also in die der Beschaffung vorgelagerten Bereiche abzugeben.

Brauchen wir den Arbeitsschritt „Anfragen erstellen"? In Teilen schon. Der Arbeitsschritt ist begründet in der Existenz von nicht Wiederholteilen oder der Suche nach dem besten Angebotspreis. Das Lean Management sieht in der bloßen Anfrage eine Verschwendung und stellt sich den Verzicht auf diesen Arbeitsschritt vor. Das bedeutet nicht den Verzicht auf Verhandlung und den besten Preis. Nur auf andere Art und Weise.

Bezahlt der Kunde diesen Arbeitsschritt? Nein, keinesfalls. Der Kunde denkt in Lösungen. Ihm ist es egal, wie das Unternehmen seine Beschaffung organisiert. Das Produkt selbst erfährt in der Anfrage keine Wertsteigerung. Aus seiner Sicht gibt es keinen Grund eine Anfrage zu starten sowie deren Auswertung.

Ist der Arbeitsschritt eine Verschwendung? Ja, teilweise, da ein Papierprozess vom Einkauf angestoßen wird. Der Schritt zur Anfrage sollte auf eine bestimmte Auswahl von Materialien vorbehalten sein, welche aufgrund ihrer technischen Schwierigkeit, Wertigkeit oder Besonderheit betroffen sind. Grundsätzlich sollten die Optimierungen mittels Rahmenkontrakt oder der Pflege eines Einkaufsinfosatzes, mit gültigem Preis per Material vorliegen.

Müssen wir es selber machen? Nein. Die Ausschreibung ist in der Regel ein kosten- und risikofreies Aussenden einer Aufforderung zu einer Angebotserstellung an eine Auswahl an Lieferant. Das darauf folgende Angebot kann „jeder" unter Bezug auf die Angebotsnummer weiter bearbeiten.

Die Lean Lösungen lauten: Abbau der Verschwendung durch hohen Verzicht auf die Ausschreibungen. Mittels der Anwendung von Kontrakten oder Lieferplänen sowie der Pflege von Einkaufsinfosätzen

Lean Management im Einkauf und Beschaffung

zu den Materialien. Die Tätigkeit der Einholung von Angeboten kann durch eine externe Stelle des Einkaufs erfolgen.

Nr.	Teilbereich/ Arbeitsschritt (X)	Ist Kundenanforderung	Notwendige Qualitätsmerkmale	Art der Verschwendung TIMWOOD	Brauchen wir den Arbeitsschritt	Bezahlt der Kunde den Arbeitsschritt	Müssen wir es selber machen	Vergabe an Extern oder Automatisieren
3	Angebotsververgleich	Lt. Spezifikation	Lt. Merkmale	Overprocessing, wait	Ja	Nein	Nein	Ja, automatisch

Tabelle 12: Das Diskussionsschema des Prozessschritts Angebotsvergleiche

Brauchen wir den Arbeitsschritt Angebotsvergleich? Ja, wenn wir Angebote einholen, dann muss auch der Preisvergleich erstellt werden.

Bezahlt der Kunde diesen Arbeitsschritt? Nein, keinesfalls. Der Kunde denkt in Lösungen. Ihm ist es egal, wie das Unternehmen seine Beschaffung und Lieferanten organisiert. Das Produkt selbst erfährt in der Auswertung der Anfragen keine Wertsteigerung. Aus seiner Sicht gibt es keinen Grund, eine Anfrage zu starten oder diese auszuwerten.

Ist der Arbeitsschritt eine Verschwendung? Das Lean Management sieht in der vorausgehenden Anfrage eine Verschwendung und stellt sich somit den Verzicht auf diesen Arbeitsschritt vor.

Definieren, aufzeigen und praxisgerecht umsetzen

Müssen wir es selber machen? Nein. Das Erstellen des Angebotsvergleiches ist ein automatischer Prozess in der SAP Optimierung der Beschaffung.

Die Lean Lösungen lauten: Wenn eine Ausschreibung gemacht werden muss, dann erfolgt das Erstellen des Angebotsvergleiches automatisch in dem EDV-System (SAP ME41) sowie die Ermittlung des Marktpreises (MP01). Gleichzeitig werden nicht berücksichtigte Angebote über die Nachrichtensendung automatisiert abgesagt. Die Tätigkeit der Auswertung der Angebote kann durch eine externe Stelle für den Einkauf erfolgen. Zusätzlich sollten Sie das Einkaufsverhandlungsblatt (ME1X), inklusive der Analyse und Protokoll der Preisfindung in SAP nutzen.

Nr.	Teilbereich/ Arbeitsschritt (X)	Ist Kundenanforderung	Notwendige Qualitätsmerkmale	Art der Verschwendung TIMWOOD	Brauchen wir den Arbeitsschritt	Bezahlt der Kunde den Arbeitsschritt	Müssen wir es selber machen	Vergabe an Extern oder Automatisieren
4	Ermittlung der Bezugsquelle inkl. Kontrakte	Lt. Spezifikation	Lt. Merkmale	Overprocessing, wait	Ja	Nein	Ja	Ggf. Automatisch

Tabelle 13: Das Diskussionsschema des Prozessschritts Ermittlung der Bezugsquelle inkl. Kontrakte

Lean Management im Einkauf und Beschaffung

Brauchen wir den Arbeitsschritt Ermittlung der Bezugsquelle inkl. Kontrakte? In Teilen schon. Der Arbeitsschritt ist begründet in dem Fehlen von Bezugsquellen oder der nicht gepflegten Einkaufsinfosätze.

Bezahlt der Kunde diesen Arbeitsschritt? Nein, keinesfalls. Der Kunde denkt in Lösungen. Ihm ist es egal wie das Unternehmen seine Beschaffung organisiert und Lieferanten findet. Das Produkt selbst erfährt in der Zuweisung der Bezugsquelle (Lieferant oder Kontrakt) keine Wertsteigerung.

Ist der Arbeitsschritt eine Verschwendung? Ja, das Lean Management sieht in der Zuweisung der Bezugsquellen eine Verschwendung, da es Mehrarbeit bedeutet, die Bezugsquelle zuzuweisen, als wenn sie direkt benannt wäre. Der Schritt Zuordnung der Bezugsquelle sollte reduziert auf eine bestimmte Auswahl von Materialien vorbehalten sein, welche aufgrund ihrer Neuheit oder Besonderheit betroffen sind. Grundsätzlich sollten die Optimierungen in der Beschaffung durch Pflege eines Kontraktes oder der Pflege des Einkaufsinfosatzes mit gültigem Preis per Material vorausgehen.

Müssen wir es selber machen? Ja, denn in dem Arbeitsschritt befinden wir uns tief im Geheimnis der Supply Chain und Lieferantenbindung eines Unternehmens. Die Zuweisung muss verantwortlich dem Einkauf vorbehalten bleiben.

Die Lean Lösungen lauten: Abbau der Verschwendung durch die Optimierung der Beschaffung in eine möglichst hohe Quote an automatischer Zuweisung der Bezugsquellen. Auch der Menüeintrag - Lieferant unbekannt - kann für die automatische Bezugsquellenfindung genutzt werden. Mittels der Anwendung von Kontrakten oder Lieferplänen sowie der Pflege von Einkaufsinfosätzen zu den Materialien. Anstelle der Lieferantenanlage von seltenen Lieferanten empfiehlt sich die Nutzung der CPD Lieferanten (Conto pro Diverse), welche ohne regelmäßige Beschaffungsvorgänge sind. Die Tätigkeit der Lieferantenzuordnung kann nicht an eine externe Stelle des Einkaufs erfolgen.

Eine weitere SAP spezifische Lösung ist die Nutzung der SAP Funktion „Info-Update Typ C", welche die Erstellung der Infosätze auto-

Definieren, aufzeigen und praxisgerecht umsetzen

matisiert. Dieses Kennzeichen ist bei dem Anlegen oder Ändern von Angeboten, Bestellungen, Lieferplan und Kontrakten zu setzen. Damit stimmt auch die automatische Preisfindung.

Nr.	Teilbereich/ Arbeitsschritt (X)	Ist Kundenanforderung	Notwendige Qualitätsmerkmale	Art der Verschwendung TIM WOOD	Brauchen wir den Arbeitsschritt	Bezahlt der Kunde den Arbeitsschritt	Müssen wir es selber machen	Vergabe an Extern oder Automatisieren
5	Bestellung schreiben	Lt. Spezifikation	Lt. Merkmale	Overprocessing, wait	Ja	Ja	Ja	Ja, automatisieren

Tabelle 14: Das Diskussionsschema des Prozessschritts Bestellung schreiben

Brauchen wir den Arbeitsschritt Bestellung schreiben? Ja, wenn wir Waren produzieren wollen, dann müssen wir auch Materialien oder Dienstleistungen zukaufen.

Bezahlt der Kunde diesen Arbeitsschritt? Nein, keinesfalls. Der Kunde denkt in Lösungen. Ihm ist es egal, wie das Unternehmen seine Beschaffung und Lieferanten organisiert. Das Produkt selbst erfährt in der Bestellung von Materialien keine Wertsteigerung.

Ist der Arbeitsschritt eine Verschwendung? Das Lean Management sieht in gewissen Formen der Bestellung eine Verschwendung und stellt sich somit den Verzicht auf diesen Arbeitsschritt vor.

Müssen wir es selber machen? Nein. Das Erstellen einer Bestellung ist ein automatischer Prozess in der SAP Optimierung der Beschaffung.

Lean Management im Einkauf und Beschaffung

Die Lean Lösungen lauten: Wenn eine Bestellung gemacht werden muss, dann erfolgt es im Kern Einkaufsteam oder als automatisierter Prozess in dem EDV-System (SAP).

Nr.	Teilbereich/ Arbeitsschritt (X)	Ist Kundenanforderung	Notwendige Qualitätsmerkmale	Art der Verschwendung TIM WOOD	Brauchen wir den Arbeitsschritt	Bezahlt der Kunde den Arbeitsschritt	Müssen wir es selber machen	Vergabe an Extern oder Automatisieren
6	Bestellung senden	Lt. Spezifikation	Lt. Merkmale	Overprocessing	Ja	Nein	Ja	Ja, automatisiert

Tabelle 15: Das Diskussionsschema des Prozessschritts Bestellung senden

Dieser Arbeitsschritt Bestellung senden ist konform zum Arbeitsschritt Nummer sechs.

Brauchen wir den Arbeitsschritt Bestellung senden? Ja, wenn wir Bestellungen erzeugen, dann müssen diese auch der Bezugsquelle mitgeteilt werden inklusive der anzulegenden Unterlagen.

Bezahlt der Kunde diesen Arbeitsschritt? Nein, keinesfalls. Der Kunde denkt in Lösungen. Ihm ist es egal, wie das Unternehmen seine Beschaffung und Lieferanten organisiert. Das Produkt selbst erfährt in der Übertragung der Bestellung an einen Lieferanten keine Wertsteigerung.

Ist der Arbeitsschritt eine Verschwendung? Ja, das Lean Management sieht in konventionellen Formen einer Versendung (Telefon,

Definieren, aufzeigen und praxisgerecht umsetzen

Post, Fax) der Bestellung eine Verschwendung und stellt sich somit auf den Verzicht konventioneller Übertragungswege ein.

Müssen wir es selber machen? Nein. Das Senden der Bestellung ist ein automatischer Prozess in der SAP Optimierung der Beschaffung (Nachrichtenfindung).

Die Lean Lösungen lauten: Wenn eine Bestellung gemacht werden muss, dann erfolgt die Übertragung als automatisierter Prozess in dem EDV-System (SAP).

Nr.	Teilbereich/ Arbeitsschritt (X)	Ist Kundenanforderung	Notwendige Qualitätsmerkmale	Art der Verschwendung TIMWOOD	Brauchen wir den Arbeitsschritt	Bezahlt der Kunde den Arbeitsschritt	Müssen wir es selber machen	Vergabe an Extern oder Automatisieren
7	Auftragsbestätigung prüfen und erfassen	Lt. Spezifikation	Lt. Merkmale	Overprocessing	Ja	Nein	Nein	Ja

Tabelle 16: Das Diskussionsschema des Prozessschritts Auftragsbestätigung prüfen und erfassen

Brauchen wir den Arbeitsschritt Auftragsbestätigung prüfen und erfassen? Ja, weil das deutsche Handelsgesetz die Auftragsbestätigung als normierten Handelsbrauch ansieht, der beidseitig Gültigkeit erlangt, sofern dem nicht unverzüglich widersprochen wird.

Bezahlt der Kunde diesen Arbeitsschritt? Nein, keinesfalls. Der Kunde denkt in Lösungen. Ihm ist es egal, wie das Unternehmen seine Beschaffung organisiert. Das Produkt selbst erfährt in der Übertragung der Bestellung an einen Lieferanten keine Wertsteigerung

Ist der Arbeitsschritt eine Verschwendung? Ja. Mit der tiefen Integration der Lieferanten sind vereinfachte kaufmännische Bestätigungsschreiben oder Verträge alternativ möglich. Der Lieferant muss keine Auftragsbestätigung zur Prüfung senden.

Müssen wir es selber machen? Nein. Die Prüfung der Auftragsbestätigung liegt im Vergleich der Bestelldaten zu den Bestätigungsdaten begründet. Vorrangig werden Preis, Liefertermin, Menge, Versandart und Produktspezifikation geprüft. Das Prüfen einer Auftragsbestätigung kann „jeder" bearbeiten, welcher der vorliegenden Sprachen des kaufmännischen Geschäftsverkehrs fähig und sicher ist.

Die Lean Lösungen lauten: Abbau der Verschwendung durch Verzicht auf die Auftragsbestätigungsschreiben. Auftragsbestätigungen werden nur bei vorliegenden Abweichungen vom Lieferanten gesendet. Ansonsten gelten die Bedingungen der Bestellung. Mit der Nachrichtenart elektronischen Datenaustauschs EDI (engl. electronic data interchange) liegt eine automatisierte Form des Datenabgleichs vor, welche den Arbeitsschritt einspart. Die Tätigkeit der Prüfung der Auftragsbestätigungen durch eine externe Stelle des Einkaufs erfolgt.

Definieren, aufzeigen und praxisgerecht umsetzen

Nr.	Teilbereich/ Arbeitsschritt (X)	Ist Kundenanforderung	Notwendige Qualitätsmerkmale	Art der Verschwendung TIMWOOD	Brauchen wir den Arbeitsschritt	Bezahlt der Kunde den Arbeitsschritt	Müssen wir es selber machen	Vergabe an Extern oder Automatisieren
8	Änderungsmitteilungen an Lieferant	Lt. Spezifikation	Lt. Merkmale	Overprocessing, Default, Wait	Ja	Ja	Ja	Nein. (Sendung, ja)

Tabelle 17: Das Diskussionsschema des Prozessschritts Änderungsmitteilungen an Lieferanten

Dieser Arbeitsschritt Änderungsmitteilungen an Lieferant ist konform zum Arbeitsschritt Nummer sechs und sieben.

Brauchen wir den Arbeitsschritt Änderungsmitteilungen an Lieferant? Ja, wenn wir Änderungen aus der Planung oder Konstruktion erhalten, müssen diese unverzüglich der Bezugsquelle mitgeteilt werden, inklusive der anzulegenden Unterlagen.

Bezahlt der Kunde diesen Arbeitsschritt? Ja. Das Produkt selbst erfährt in der Änderungsmitteilung an den Lieferanten eine Korrektur der Leistungserstellung (Wertanpassung).

Ist der Arbeitsschritt eine Verschwendung? Ja. Das Lean Management sieht in konventionellen Formen eine Korrektur der Daten nicht vor. Der Grundsatz „Mache es gleich richtig" und die Fehlervermeidung wiegen höher. Es fordert somit den Verzicht von Änderungen.

Lean Management im Einkauf und Beschaffung

Müssen wir es selber machen? Ja, denn in dem Arbeitsschritt befinden wir uns tief im Geheimnis der Supply Chain und Lieferantenbindung eines Unternehmens. Die Zuweisung muss verantwortlich dem Einkauf vorbehalten bleiben und ggf. vorbereitet werden. Es zieht eine neue Auftragsbestätigung nach sich.

Die Lean Lösungen lauten: Wenn eine Änderung gemacht werden muss, dann erfolgt die manuelle Änderung der Bestellung und die Versendung der geänderten Bestellung als automatisierter Prozess im EDV-System (SAP).

Nr.	Teilbereich/ Arbeitsschritt (X)	Ist Kundenanforderung	Notwendige Qualitätsmerkmale	Art der Verschwendung T I M W O O D	Brauchen wir den Arbeitsschritt	Bezahlt der Kunde den Arbeitsschritt	Müssen wir es selber machen	Vergabe an Extern oder Automatisieren
9	Bestellüberwachung	Lt. Spezifikation	Lt. Merkmale	Overprocessing, Wait	Ja, leider	Nein	Nein	Nein

Tabelle 18: Das Diskussionsschema des Prozessschritts Bestellüberwachung

Brauchen wir den Arbeitsschritt Bestellüberwachung? Ja, weil der Kunde pünktlich zu beliefern ist oder zu informieren, wenn es zum Verzug kommt. Grundsätzlich kommt der Lieferant nach deutschem Recht automatisch in Verzug und es bedarf keiner Verzugssetzung.

Definieren, aufzeigen und praxisgerecht umsetzen

Bezahlt der Kunde diesen Arbeitsschritt? Nein, keinesfalls. Der Kunde denkt in Lösungen. Ihm ist es egal, wie das Unternehmen seine Beschaffung und die Einhaltung des Liefertermins organisiert. Das Produkt selbst erfährt in der Übertragung der Bestellung an einen Lieferanten keine Wertsteigerung.

Ist der Arbeitsschritt eine Verschwendung? Ja. Mit der Integration der Lieferanten ist die Überwachung ein Arbeitsschritt, welcher ausschließlich aus der Unsicherheit der Lieferung hervorgeht. Grundsätzlich muss das Unternehmen die Bestellung nicht überwachen, denn der Lieferant kommt automatisch nach deutschem Gesetz in Verzug.

Müssen wir es selber machen? Nein. Die Bestellüberwachung ist ein Arbeitsschritt vergleichbar mit der Prüfung der Auftragsbestätigung. Das Überwachen der Bestellung kann „jeder" tätigen, welcher der vorliegenden Sprachen des kaufmännischen Geschäftsverkehrs fähig und sicher ist.

Die Lean Lösungen lauten: Abbau der Verschwendung durch Verzicht auf die Bestellüberwachung. Es würde ausreichen, wenn der Lieferant eine Bestelländerung im Falle der Abweichung eines Liefertermins sendet und diese bearbeitet wird. Weiterhin kann zur Optimierung der Bestellung in SAP der automatische Versand von Liefererinnerungen und Liefermahnungen aktiviert werden. SAP ME91F als Mahnstufen oder mittels negativer Zahl als Erinnerung. Auch Lieferanten Avise (Anmeldung einer Lieferung) bestätigen die anstehende Lieferung. Die Tätigkeit der Bestellüberwachung kann durch eine externe Stelle des Einkaufs erfolgen.

Lean Management im Einkauf und Beschaffung

Nr.	Teilbereich/ Arbeitsschritt (X)	Ist Kundenanforderung	Notwendige Qualitätsmerkmale	Art der Verschwendung T I M W O O D	Brauchen wir den Arbeitsschritt	Bezahlt der Kunde den Arbeitsschritt	Müssen wir es selber machen	Vergabe an Extern oder Automatisieren
10	Lieferung und Wareneingang	Lt. Spezifikation	Lt. Merkmale	Overprocessing	Ja	Ja	Nein	Ja

Tabelle 19: Das Diskussionsschema des Prozessschritts Lieferung und Wareneingang

Brauchen wir den Arbeitsschritt Lieferung und Wareneingang? Ja, in Teilen schon. Unterscheiden wir in Materialien zu einer Weiterbearbeitung oder handelbarer Handelsware. Handelsware kann direkt vom Lieferant an den Kunden geliefert werden, ohne dass die Lieferung in das Werk gelangen muss. Formal schließt der Wareneingang die Bestellung ab und löst die Zahlung an den Lieferanten aus. Es gibt auch Bestellungen ohne Wareneingang.

Bezahlt der Kunde diesen Arbeitsschritt? Ja, teilweise. Der Kunde bezahlt (je nach Absprache) die Lieferung an sich, wenn er frei Haus bestellt hat. Die Lieferung an das Werk bezahlt er nicht. Weiterhin denkt der Kunde im Lean und Kanban Bezug, welcher zwar die Lieferung bezahlt, aber nicht die formalen Bestandsbuchungen. Aus seiner Sicht gibt es keinen Grund für den Wareneingang, wenn die Lieferung anderweitig abgeschlossen werden kann.

Definieren, aufzeigen und praxisgerecht umsetzen

Ist der Arbeitsschritt eine Verschwendung? Ja, teilweise, da die Lieferung meistens zweimal anfällt. Einmal in das Werk und einmal an den Kunden. Müssen wir es selber im Einkauf machen? Ja, teilweise. Die Lieferung wird grundsätzlich extern vergeben. Die Prüfung des Wareneingangs und die SAP Buchung kann durch externe Stellen mit der Anbindung an das Werk EDV-System erfolgen. Wichtig ist aber, dass die Buchung des Wareneingangs (MIGO) kein Arbeitsschritt im Einkauf ist. Dies würde gegen das Vier-Augen-Prinzip der Gewaltenteilung und Compliance Anweisung verstoßen.

Die Lean Lösungen lauten: Abbau der Verschwendung durch hohen direkten Liefergrad an den Kunden. Mittels der Einführung von automatischen Lagernachbestückungen oder Kanban Karte nach Entnahme oder Schwellenwert kann die Wareneingangsbuchung automatisch erfolgen. Die Buchung des Wareneingangs ist keine Tätigkeit des Einkaufs, ist also in die der Beschaffung nachgelagerten Bereiche abzugeben oder nach extern.

Nr.	Teilbereich/ Arbeitsschritt (X)	Ist Kunden-anforderung	Notwendige Qualitätsmerkmale	Art der Verschwendung TIM WOOD	Brauchen wir den Arbeitsschritt	Bezahlt der Kunde den Arbeitsschritt	Müssen wir es selber machen	Vergabe an Extern oder Automatisieren
11	Rechnungsprüfung	Lt. Spezifikation	Lt. Merkmale	Overprocessing, Default, Wait	Ja, leider	Nein	Nein	Ja

Tabelle 20: Das Diskussionsschema des Prozessschritts Rechnungsprüfung

Lean Management im Einkauf und Beschaffung

Brauchen wir den Arbeitsschritt Rechnungsprüfung? Ja, teilweise. Unstimmigkeiten in den Rechnungen zu den Bestellungen müssen geklärt werden durch den Einkauf. Formal schließt der Wareneingang die Bestellung ab und löst die Zahlung an den Lieferanten im störungsfreien Fall aus.

Bezahlt der Kunde diesen Arbeitsschritt? Nein. Der Besteller bezahlt die Rechnung des Lieferanten im vereinbarten Umfang. Grundsätzlich sollten Besteller und Lieferant ohne Störungen (Fehler) zusammenarbeiten. Daher bedarf es keiner Prüfung.

Ist der Arbeitsschritt eine Verschwendung? Ja. Im Falle der Nicht-Abweichung ist der Arbeitsschritt überflüssig. Im Falle der fehlerhaften Rechnung zur Bestellung muss die Abweichung geklärt werden, aufgrund eines unerwünschten Prozessfehlers.

Müssen wir es selber machen im Unternehmen, aber nicht im Einkauf? Ja, denn in dem Arbeitsschritt befinden wir uns tief im Geheimnis der Supply Chain und Lieferantenbindung eines Unternehmens. Die Klärung muss verantwortlich dem Einkauf vorbehalten bleiben. Wichtig ist aber, dass der Einkauf einen vermittelnden Support an die Finanzbuchhaltung leistet und die Bestelldaten oder die Rechnung anpasst. Die Rechnungsprüfung selbst erfolgt normalerweise in der Finanzbuchhaltung.

Die Lean Lösungen lauten: Die Rechnungsprüfung ist für alle Falle der nicht Abweichung des Bestellwertes zum Rechnungsbetrag zu automatisieren. Um von den Rundungsfehler und Bagatellen zu entlasten, sollte es zusätzlich einen Karenzbetrag von beispielsweise 15 Euro per Bestellung geben. Nur die Abweichungen gehen in die Prüfung. Der Lieferant muss erzogen werden, im Vorfeld Abweichungen zum Bestellwert anzuzeigen und zur Klärung zu bringen, um den Fehler zu vermeiden.

Weiterhin ist das amerikanische Modell zu empfehlen. Dort müssen Unternehmen für Rechnungen bezahlen. Man hat dazu in der SAP ein Gutschriftverfahren eingeführt, welches nach Wareneingang die festgestellte Menge zur Bestellung automatisch in die Bezahlung als Gutschrift führt. Die Rechnungsprüfung ist auf den Lieferant ausge-

Definieren, aufzeigen und praxisgerecht umsetzen

lagert. Die Rechnungsprüfung ist kein Arbeitsinhalt der Beschaffung, sie ist der Finanzbuchhaltung vorbehalten. Die Anpassung der Bestellung und das Klären (Mengen- oder Preisabweichung), sind lediglich Aufgabe der Beschaffung.

Nr.	Teilbereich/ Arbeitsschritt (X)	Ist Kundenanforderung	Notwendige Qualitätsmerkmale	Art der Verschwendung TIMWOOD	Brauchen wir den Arbeitsschritt	Bezahlt der Kunde den Arbeitsschritt	Müssen wir es selber machen	Vergabe an Externe oder Automatisieren
12	Zahlungsfreigabe	Lt. Spezifikation	Lt. Merkmale	Overprocessing	Ja	Nein	Nein	Ja, automatisieren

Tabelle 21: Das Diskussionsschema des Prozessschritts Zahlungsfreigabe

Brauchen wir den Arbeitsschritt Zahlungsfreigabe? Nein. Mit dem Abschluss der Rechnungsprüfung kann anstandslos die Zahlung freigegeben werden. Das heißt, dass die Buchung des Wareneingangs die Bestellung schließt und die Zahlung an den Lieferanten im störungsfreien Fall freigibt.

Bezahlt der Kunde diesen Arbeitsschritt? Nein. Der Besteller bezahlt die Rechnung des Lieferanten im vereinbarten Umfang. Der Besteller muss die Zahlung nicht freigeben, denn sie steht unstrittig dem Lieferanten nach mangelfreier Leistungserbringung zu. Besteller und Lieferant arbeiten grundsätzlich ohne Störungen (Fehler) zusammen. Daher bedarf es eines Vorgangs der Freigabe nicht.

Ist der Arbeitsschritt eine Verschwendung? Ja. Im Falle der Nicht-Abweichung ist der Arbeitsschritt überflüssig. Im Falle einer Abwei-

Lean Management im Einkauf und Beschaffung

chung muss die Abweichung zum Wareneingang geklärt werden, aufgrund eines unerwünschten Prozessfehlers.

Müssen wir es selber machen? Nein. Der Arbeitsschritt hat vorausgehende Prozessschritte wie Wareneingang, Wareneingangsprüfung und Rechnungsprüfung. Sollte es keine Beanstandungen geben, kann die Freigabe automatisiert erfolgen. Die Zahlungsfreigabe selbst erfolgt normalerweise in der Finanzbuchhaltung.

Die Lean Lösungen lauten: Die Zahlungsfreigabe ist für alle Fälle, die nicht Abweichung des Bestellwertes zum Rechnungsbetrag ist zu automatisieren. Die Zahlungsfreigabe ist kein Arbeitsinhalt der Beschaffung, sie ist der Finanzbuchhaltung vorbehalten.

4.11. Die neue Lean Einteilung der Arbeitsschritte im Einkauf

Die neu gewonnene Prozessstruktur des Lean Management in der Beschaffung unterteilt die Arbeitsschritte in neue Gruppen und Arten der Ausführung:

A. Die vollständig automatisierten Schritte

    Die Zahlungsfreigabe (12)
    Die Änderungsmitteilungen an den Lieferant senden (8)
    Bestellungen senden (6)
    Bestellungen schreiben (5)
    Angebotsvergleiche (3)

B. Die schnellen teilautomatisierten Schritte

    Ermittlung der Bezugsquelle (2)

C. Die externen Schritte, d.h. extern oder Nicht-Einkaufsabteilungen im Unternehmen

    Die Rechnungsprüfung (11)
    Lieferung und Wareneingang (10)
    Die Bestellüberwachung (9)

Definieren, aufzeigen und praxisgerecht umsetzen

Auftragsbestätigungen prüfen und erfassen (7)
Anfragen erstellen (2)
Erfassen der Bestellanforderung (1)

D. Die vorbereitenden Schritte für die Anwendung der Automatisierung

Die Ermittlung der Bezugsquelle (4)
Anfragen erstellen (2)
Änderungsmitteilungen an Lieferanten (8)

E. Die eigenen Kernarbeitsschritte des Einkaufs

Bestellung schreiben (5)
Änderungsmitteilungen an Lieferanten (8)
Rechnungen klären zum Lieferant und Anpassung der Bestellung (11.1)
Sowie die strategischen Einkaufsarbeiten, wie Verhandlungen mit den Lieferanten inklusive der Kontrakte, Suche nach Lieferanten und Ländern, Jahresabschlussgespräche, Volumenbündelungen, usw.

Der strategische Einkauf hat seinen Anteil am Beschaffungsprozess in den Arbeitsfeldern und Funktionen:

- Beschaffungsmarktforschung und Länderanalysen
- Gestaltung der Einkaufsstrategie wie Lieferantenanzahl, Vergabestrategien, make or buy, dual sourcing etc.
- Vertragsverhandlung und Abschluss der Kontrakte
- Lieferantenmanagement (inkl. Lieferantenentwicklung, Risikomanagement,...)
- Standardisierung (Vereinheitlichung von Bauteilen) und Volumenbündelung
- Planung und Steuerung der Materialkostenentwicklung

Diese Integration des Wissens und strategische Beeinflussung bringt der strategische Einkauf über seine Mitgliedschaft im Lean Team ein.

Lean Management im Einkauf und Beschaffung

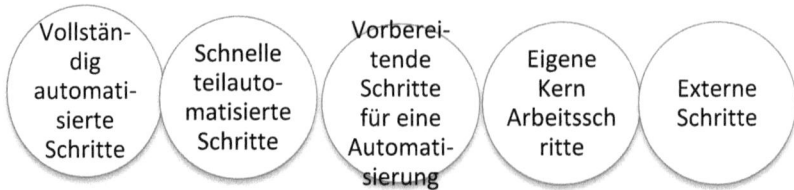

Abbildung 51: Die fünf Schritte der Lean Beschaffung

Die Materialien, welche das Unternehmen beschafft, lassen sich in folgende Klassen der Beschaffung untergliedern. Ziel ist es, den Rest „neue Materialien und Materialien ohne Teilenummer" möglichst klein zu halten und die anderen Lean gerechten Klassen zu nutzen.

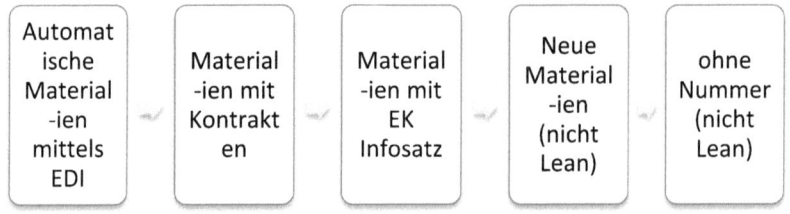

Abbildung 52: Das Schaubild der Materialklassen

Die Beschaffung und Beschaffungsauslösung, welche das Unternehmen beschafft, lassen sich in folgende Klassen untergliedern. Ziel ist es, den Anteil „Bestellung nach Bedarf" möglichst klein zu halten und die anderen Lean gerechten Klassen zu nutzen.

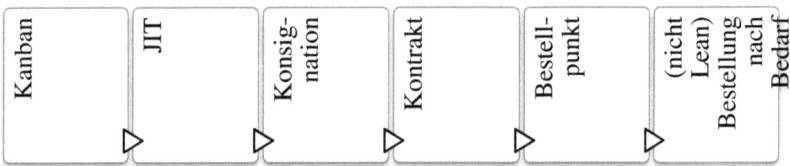

Abbildung 53: Das Schaubild der Lagerklassen

Definieren, aufzeigen und praxisgerecht umsetzen

Die in Kapitel 4.10 vorgestellten Beschaffungsschritte wurden ausführlich diskutiert und die angewendeten Methoden angegeben. Mit der Auswertung der Lösungen zu den (x_n) Arbeitsschritten erhalten wir eine Übersicht der Einführung der neuen Lean Konzepte in das Unternehmen. Die folgende Tabelle zeigt die gefundenen Lean Lösungen strukturell nach den Schritten 1- 12 auf. Verdichtet man die Schritte 1- 12 auf ihre Kernlösungen, so wird schnell ersichtlich, wie einfach im Grunde das methodische Lean Management ist.

1. Erstellen der Bestellanforderung: Verzicht auf die Bestellanforderung. Mittels der Einführung von automatischen Lagernachbestückungen oder Kanban Karte nach Entnahme oder Schwellenwert. Kann extern gemacht werden.
2. Anfragen erstellen: Verzicht auf die Ausschreibungen. Mittels der Anwendung von Kontrakten oder Lieferplänen sowie der Pflege von Einkaufsinfosätzen zu den Materialien. Kann extern gemacht werden.
3. Angebotsvergleich: Das Erstellen des Angebotsvergleiches erfolgt automatisch in dem EDV-System, sowie die Ermittlung des Marktpreises.
4. Ermittlung der Bezugsquelle inkl. Kontrakte: Möglichst hohe Quote an automatischer Zuweisung der Bezugsquellen. Auch der Menüeintrag - Lieferant unbekannt - kann für die automatische Bezugsquellenfindung genutzt werden. Pflege von Kontrakten oder Lieferplänen sowie Pflege von Einkaufsinfosätzen zu den Materialien. Seltene CPD Lieferanten nutzen. Kann extern gemacht werden. Nutzung der SAP Funktion „Info Update Typ C", welche die Erstellung der Infosätze automatisiert.
5. Bestellung schreiben: Erfolgt als automatisierter Prozess im EDV-System.
6. Bestellung senden: Die Übertragung erfolgt als automatisierter Prozess im EDV-System.

Lean Management im Einkauf und Beschaffung

7. <u>Auftragsbestätigung prüfen und erfassen</u>: Verzicht auf die Auftragsbestätigungsschreiben, nur bei vorliegenden Abweichungen. Voll automatisch mittels elektronischen Datenaustauschs EDI. Kann extern gemacht werden.

8. <u>Änderungsmitteilungen an Lieferant</u>: Manuelle Änderung der Bestellung und die Versendung der geänderten Bestellung als automatisierter Prozess.

9. <u>Bestellüberwachung</u>: Lieferant sendet eine Bestelländerung im Falle der Abweichung eines Liefertermins. Automatischer Versand von Liefererinnerungen und Liefermahnungen aktivieren. Kann extern gemacht werden.

10. <u>Lieferung und Wareneingang</u>: Einführung von automatischen Lagernachbestückungen oder Kanban Karte nach Entnahme oder Schwellenwert kann die Wareneingangsbuchung automatisch erfolgen. Kann extern gemacht werden.

11. <u>Rechnungsprüfung</u>: Die Rechnungsprüfung ist für alle Fälle der Nicht-Abweichung des Bestellwertes zum Rechnungsbetrag zu automatisieren. Um von den Rundungsfehlern und Bagatellen zu entlasten, sollte es zusätzlich einen Karenzbetrag von beispielsweise 15 Euro per Bestellung geben.

Gutschriftenverfahren einführen.

12. <u>Zahlungsfreigabe:</u> Die Zahlungsfreigabe ist zu automatisieren. Die Zahlungsfreigabe ist kein Arbeitsinhalt der Beschaffung.

Tabelle 22: Zusammenstellung der Lean Lösungen der Arbeitsschritte x_n

Definieren, aufzeigen und praxisgerecht umsetzen

Zur Analyse der Prozessschritte wurden folgende Werkzeuge der Lean Werkzeugkiste angewendet: 5 W (frag 5 x warum), Ishikawa (Fischgräten Diagramm), Interview, SAP Optimierung und Pareto Prinzip (ABC)

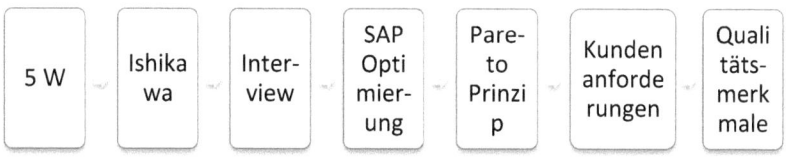

Abbildung 54: Die zur Diskussion und Analyse angewendeten Werkzeuge

Nachdem der Aufbau und Ablauf der Beschaffung nach den Erkenntnissen des Lean Managements analysiert und umgestaltet wurde, ist es sehr hilfreich, den neuen Ablauf nach den Zuständigkeiten darzustellen. Der Begriff „swimlane" ist dem englischen entnommen und bezeichnet die Schwimmbahnen im Schwimmbad.

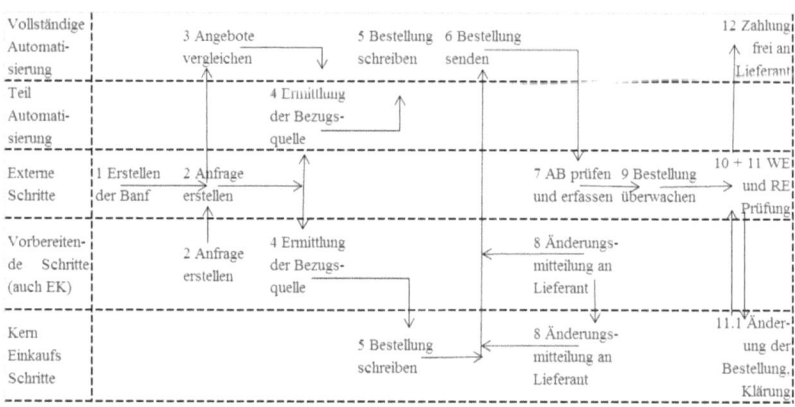

Abbildung 55: Die neue Lean Beschaffung als Swimlane Diagramm

Seite 113

Lean Management im Einkauf und Beschaffung

In Abbildung 52 haben wir gesehen, dass die Materialien, welche das Unternehmen beschafft, sich in folgende Klassen der Beschaffung untergliedern:

- Automatische Materialien mittels EDI und Materialien mit Kontrakten
- Materialien mit EK Infosatz und neue Materialien (nicht Lean)
- ohne Material Nummer (nicht Lean)

Verbindet man die Materialklassen mit den Arbeitsschritten des Einkaufs x_n, so stellt sich der neue Lean Ablauf in der Häufigkeit und Auffälligkeit der weißen Felder folgend dar. Die x Felder sind grau hinterlegt und stellen den anfallenden Arbeitsschritt dar.

Nr.	Teilbereich/ Arbeitsschritt (X)	Automatische Materialien mittels EDI	Materialien mit Kontrakten	Materialien mit EK Infosatz	neue Materialien	ohne Material Nummer
1	Erstellen Bestellanforderung				x	x
2	Anfragen erstellen				x	x
3	Angebotsvergleich				x	x
4	Ermittlung der Bezugsquelle inkl. Kontrakte			x	x	x
5	Bestellung schreiben	x	x	x	x	x
6	Bestellung senden	x	x	x	x	x
7	Auftragsbestätigung prüfen, erfassen	x	x	x	x	x

Definieren, aufzeigen und praxisgerecht umsetzen

8	Änderungsmitteilungen an Lieferant					
9	Bestellüberwachung		x	x	x	
10	Lieferung und Wareneingang	x	x	x	x	x
11	Rechnungsprüfung	x	x	x	x	x
12	Zahlungsfreigabe	x	x	x	x	x

Abbildung 56: Der neue Lean Ablauf nach Materialgruppen

In Abbildung 53 haben wir gesehen, dass die Lagerung an Materialien, welche das Unternehmen vorhält, sich in folgende Lagerartklassen untergliedert.

- Kanban   und JIT
- Konsignation   und Kontrakt
- Bestellpunkt   und Bestellung nach Bedarf

Die Materialien, welche das Unternehmen beschafft, lassen sich in folgende Klassen einer Lagerung untergliedern. Ziel ist es, den Anteil „Bestellung nach Bedarf" möglichst klein zu halten und die anderen Lean gerechten Lagerklassen zu nutzen.

Verbindet man die Lagerklassen mit den Arbeitsschritten des Einkaufs x_n, so stellt sich der neue Lean Ablauf in der Häufigkeit und Auffälligkeit der weißen Felder folgend dar. Die x Felder sind grau hinterlegt und stellen den anfallenden Arbeitsschritt dar.

Lean Management im Einkauf und Beschaffung

Nr.	Teilbereich/ Arbeitsschritt (X)	Kanban	JIT	Konsignation	Bestellpunkt	Bestellung nach Bedarf
1	Erstellen Bestellanforderung					x
2	Anfragen erstellen					x
3	Angebotsvergleich					x
4	Ermittlung der Bezugsquelle inkl. Kontrakte					x
5	Bestellung schreiben			x	x	x
6	Bestellung senden			x	x	x
7	Auftragsbestätigung prüfen, erfassen					x
8	Änderungsmitteilungen an Lieferant					x
9	Bestellüberwachung				x	x
10	Lieferung und Wareneingang	x	x	x	x	x
11	Rechnungsprüfung	x	x	x	x	x
12	Zahlungsfreigabe	x	x	x	x	x

Abbildung 57: Der neue Lean Ablauf nach Lagerklassen

Das Einkaufsportfolio lässt sich folglich übersichtlich nach dem Grad der Automatisierung und dem Grad der eigenen Leistungseinbringung des Einkaufs folgend darstellen.

Definieren, aufzeigen und praxisgerecht umsetzen

Die externen Arbeitsschritte wie (1) Bestellanforderung erzeugen, (7) Auftragsbestätigung prüfen und erfassen, (9) Bestellüberwachung, (10) Lieferung und Wareneingang und (11) Rechnungsprüfung sind im Portfolio nicht vorhanden, da diese extern angesiedelt werden.

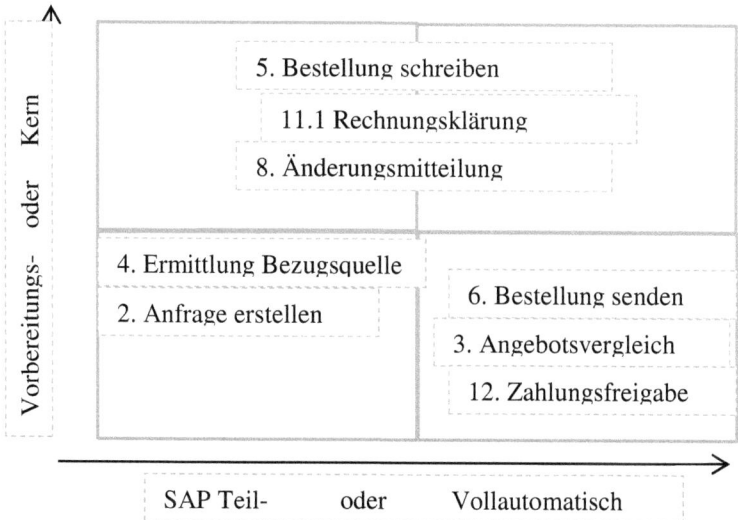

Abbildung 58: Das interne Einkaufsportfolio (ohne extern)

Auf Ausführungen zu einem effizienten Dokumentenmanagement, sprich das gemeinsame finden und verwalten der Einkaufsdokumente, wird nicht weiter vertieft.

4.12. Der vorübergehende Lean Aufbau und Ablauforganisation

Im nachfolgenden Kapitel werden eine Reihe von Störungen im Lean Betrieb der Beschaffung aufgezeigt. Die Lean Einführung erstreckt sich auf das gesamte Unternehmen und hat durchaus abweichende Geschwindigkeiten. So kann es vorkommen, dass das Lean Team

Arbeitsschritte aus einem „unwissenden" Lean Team erhält oder abgibt.

Um den wirtschaftlichen Betrieb des Unternehmens am Laufen zu erhalten, gleichfalls aber die Einführung des Lean Managements im Einkauf und der Beschaffung zu realisieren und weiterzuentwickeln, empfehle ich ihnen eine vorübergehende Ablauforganisation in der Beschaffung.

Der vorübergehende Lean Aufbau und Prozessablauf stellt sich in der Vorschaltung einer Dialogannahme und der Nachschaltung der Lean Beschaffung. Vorrangiges Ziel ist dabei, die Lean Beschaffung in der Zielorganisation und –ablauf zu betreiben und diese von den „noch nicht Lean" Störungen frei zu halten. Die logische Aufgabe der Dialogannahme ist es, nur die fehlerfreien Lean Beschaffungsvorgänge durchzulassen und alle nicht fehlerfreien Beschaffungen im Vorfeld zu klären.

Die Frage nach der personellen Ausstattung stellt sich aus zweierlei Gründen nicht. Zum einen bringt die Einführung des Lean Management in der Regel eine 30 % Einsparung und zum anderen hat der vorhandene Mitarbeiterstamm in der alten Organisation dasselbe Aufgabenspektrum erfolgreich bearbeitet.

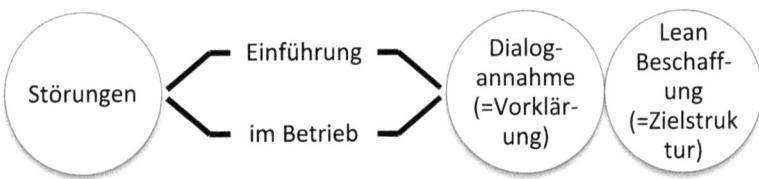

Abbildung 59: Vorübergehende Lean Aufbau- und Ablauforganisation

Definieren, aufzeigen und praxisgerecht umsetzen

4.13. Der Umgang mit Störungen

Lean Management hat den großen Vorteil, die Verschwendung zu vermeiden. Eine große Verschwendungsart sind fehlerhafte Vorgänge und Produkte. Hier sieht man im Lean Management explizit in der Senkung der Fehlerrate einen hohen Effizienzgewinn.

Fehler können auftreten als Fehler am Produkt (Oberfläche, Funktion, Vollständigkeit, usw.) oder als Fehler an den mitgeltenden Unterlagen. Letzteres, die unvollständigen oder fehlerhaften Bestellunterlagen, treten häufig in der Beschaffung auf.

Vermutlich waren die fehlerhaften Unterlagen immer vorhanden und dieser Mangel wurde durch die Einkäufer akzeptiert und mittels Initiative behoben oder gemildert. Auf dem Weg zu einer Lean Beschaffung ist es nicht mehr akzeptabel. Lean Management begründet sich auf der schlanken und schnellen Weiterverarbeitung und dem ständigen Verbessern. Fehlerhafte Prozesse sind in der Fehlerentstehung zu korrigieren und zwar an dessen Ort. Falsch ist es, Fehler durch dem Empfänger (Bearbeiter) kaschieren zu lassen, damit dieser seine Aufgabe erledigen kann.

In der Beschaffung werden häufig folgende fehlerhaften Bestellunterlagen angetroffen:

- Unvollständige Parameter (Maße, Raum /Lage, Material) oder fehlende Zeichnungen
- Fehlende Bestelltexte in der Bestellanforderung (Produktbezeichnung oder Beschreibung)
- Wiederholende Materialien ohne Materialnummer (um die Materialstammanlage zu umgehen)
- Fehlende Mengen (Zahl) oder fehlerhafte Mengeneinheiten (Stück, Satz, Meter)
- Fehlende Richtpreise oder Preisorientierungen
- Termine in der Vergangenheit, heute oder in unrealistischer Kürze
- Fehlende Lieferadressen oder Ablieferorte

Lean Management im Einkauf und Beschaffung

- Falsche Materialgruppenschlüssel (Warengruppe)
- Fehlende Anlagen der technischen Spezifikationen an die Bestellanforderung

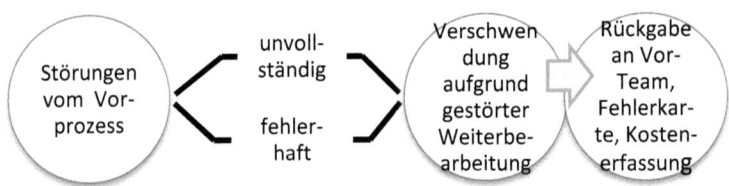

Abbildung 60: Der Umgang mit Störungen

In der Lean Beschaffung wird man die Bestellanforderungen mit fehlerhaften Bestellunterlagen nicht mehr bearbeiten können und wollen. Für die Fehlerkorrektur stehen dem Lean Einkauf eine Anzahl von Gegenmaßnahmen zur Verfügung:

- Mitteilung und Einladung des verursachenden Teams (zum Beispiel Konstruktion)
- Schreiben einer Fehlerkarte oder –meldung
- Zurückweisung der Bestellanforderung mit fehlerhaften Unterlagen
- Umlage der Zusatzaufwände und Kosten auf den Verursacher[27] und Meldung an das Controlling zur Erfassung einer Belastungsanzeige
- Eine Stellenaufbau an die Geschäftsführung, für die Ausübung der Nicht Einkaufstätigkeiten, im Einkauf abgeben

---

[27] *Anmerkung des Autors: Ich habe folgenden Grundsatz in der Industrie erlernt. „Steht es nicht in Excel oder der SAP, dann gibt es die Zahl nicht." Folglich muss der Aufwand in Euro formiert werden und in SAP belastet werden.*

Definieren, aufzeigen und praxisgerecht umsetzen

Ausdrücklich wird darauf verwiesen, dass es nicht Sinn und Zweck ist, einen Streit zu beginnen oder auszutragen. Es ist im Interesse des Unternehmens, den Prozess fehlerfrei für jeden Beteiligten zu betreiben.

Greifen wir erneut das Zitat zum Thema Teamgeist aus Kapitel zwei auf, in dem es heißt: „Statt mir Vorwürfe zu machen und mich dadurch in die Defensive zu treiben, berieten alle mit mir darüber, was schiefläuft und wie man es ändern kann." (Rehfeld, 1991, S. 81-92). Das Problem wird gesucht, nicht der Schuldige. Der neue Grundsatz, dass auch wir aus Fehlern lernen, wird lebendig.

4.14. Die Lieferanten- und Produktintegration

Die Lieferantenintegration

Die tiefe Integration des Lieferanten, Umstellen der Teile von Mehrfachbezug auf Exklusivbezug, begründet sich in der Reduktion der Verschwendung. Aus der Lean Sicht ist das Vorhalten von vielen kleinen Lieferanten mit kleinem Teileumfang Verschwendung. Diese müssen gepflegt werden und erhalten viele Bestellungen mit Rechnungen und Lieferungen.

Die Reduktion auf wenige Lieferanten zeigt die Vorteile des hohen Kundengewichts und gegenseitiges Interesse, die Sammellieferung und –rechnung auf. Weitere nachfolgende Vorteile sind die Lagerintegration, die Just-in-Time Lieferung, das Vertragsmanagement und die beiderseitig sichere finanzielle Geschäftsbasis.

Die Verwaltungskosten (Harmon, 1993, S. 186), die Qualitätsprüfkosten aus zwei Bezugsquellen sowie doppelte Werkzeugkosten reduzieren sich. Die Lieferantenpflege und die Lieferantenpartnerschaften gestalten sich als Ergebnispartnerschaften.

Kein Lieferant gibt freiwillig einen Kunden verloren und das Interesse an guter Arbeitsleistung ist allgemein höher als wir glauben. Der Hebel ist größer als gedacht. Stellen Sie Ihr Licht nicht unter den

Lean Management im Einkauf und Beschaffung

Scheffel, Ihr Volumen ist groß genug. Auch die Reduktion der aktiven Lieferanten ist hier platzierbar und sichtbar.

Ein Beispiel für ein Lieferantenprogramm ist nachfolgend aufgezeigt, (Harmon, 1993, S. 220).

- Lieferpläne für Lieferanten
- Kanban zum Kunden
- Gemeinsame Verbesserung der Produktentwicklung und Konstruktion
- Papierlose Abwicklung (EDI)
- Jährliche/halbjährliche Planabsprachen für ganze Artikelfamilien
- Lieferantenseitige Qualitätskontrollen
- Verbesserter Transport und minimale Verpackung
- Einladen der Lieferanten auf Veranstaltungen inkl. Unternehmensplanung

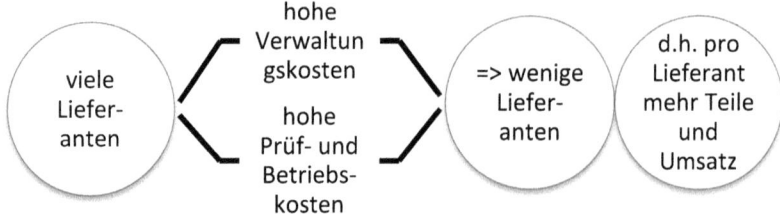

Abbildung 61: Reduktion der Anzahl Lieferanten

Die Produktintegration

Der Hebel Reduktion der Anzahl Lieferanten wird erweitert um den Hebel der Reduktion der Anzahl Materialien. Dazu werden anstelle der Einzelteile zukünftig verstärkt komplette Baugruppen oder Komponenten höherwertiger eingekauft, was vor Jahrzehnten mit dem Outsourcing einfacher Dinge begann, wird heute in das Outsourcing kompletter verbaufertiger Baugruppen und Komponenten weiterentwickelt und mit dem Verzicht auf Verpackungen optimiert.

Definieren, aufzeigen und praxisgerecht umsetzen

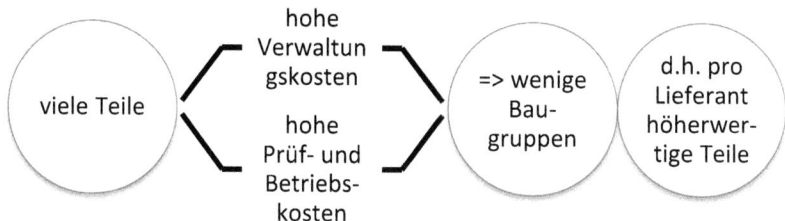

Abbildung 62: Reduktion der Anzahl Teile

Integration der Lieferantenläger

Vorteile aus der Integration der Lieferantenläger sind u.a. Kanban, Konsignation oder Zugriffsläger, die Just-in-Time Lieferung und Pufferläger.

4.15. Der schnelle Lean Umsetzungsleitfaden

In der Regel sind Unternehmen daran interessiert, schnell zu ersten Ergebnissen oder Verbesserungen zu gelangen. Jetzt stellen Sie die folgende Frage für sich nach der ganzen Theorie:

Wie führe ich das Lean Management im Einkauf und der Beschaffung effizient und richtig ein? Die ganze Theorie ist mir viel zu umfangreich, ich will einen Plan. Sagt mir bitte, was ich tun muss?

Um den Wald vor lauter Bäumen nicht zu übersehen, nutzen Sie den folgenden Punkte-Plan. Die fortlaufende Nummer (Nr.) dient der Orientierung. Die Spalte Thema benennt das Hauptthema der notwendigen Lean Aktion und mit der Spalte Ausprägung werden typische Schritte oder Ausprägungen zum Hauptthema benannt. Um das Hauptthema oder die Ausprägungen zu vertiefen, wird der Verweis auf das jeweilige Kapitel (Kap.) des Buches angegeben.

Lean Management im Einkauf und Beschaffung

Nr	Thema	Ausprägung	Kap.
1	Projektstart	Projektdefinition erstellen Informationsveranstaltung durchführen Ablaufplan darstellen	3.1 3.6 4.1
2	Schulungen	Lean Management und Werkzeugkiste Kontinuierlicher Verbesserungsprozess Teamarbeit (soft skills) und Kap. 4.5	3.3 3.2 3.4
3	Kunde und Qualität	Kundenanforderungen und Qualitätsanforderungen erkennen	4.3
4	Organisation	Lean Aufbauorganisation umsetzen Lean Teams gründen	4.4
5	EDV Anwendung	EDV Optimierungen nutzen Sicherer fehlerfreier EDV Betrieb	4.6 4.7
6	Arbeitsumfang	Ausgrenzen Nicht-Einkaufstätigkeiten aus Sicht des Lean Management: Verschwendung und Fehlerfreiheit	4.8 2.2
7	Arbeitsschritte im Einkaufs- und Beschaffungsprozess	Die Prozessschritte im Einkauf Die Lean Diskussion der Prozessschritte Der neue Lean Beschaffungsprozess	4.9 4.10 4.11
8	Integration	Die Lieferantenintegration Die Lieferantenkonzentration Die Standardisierungen	4.14
9	Phasen der Umsetzung	Die vorübergehende Lean Aufbau- und Ablauforganisation (zeitweise)	4.12

Definieren, aufzeigen und praxisgerecht umsetzen

| 10 | Störungen | Umgang mit Störungen | 4.13 |
| 11 | Projektabschluss | Danksagung und Festveranstaltung Überführung in KVP Betrieb | 3.1 |

Abbildung 63: Der schnelle Ablaufplan zum Lean Management in der Beschaffung

4.16. Das Target Costing

Ein Controller kann das Wirtschaften eines Unternehmens in wenigen Sätzen darstellen.

Aus dem Verkauf der Produkte x Anzahl x Preis ergeben sich die Einnahmen. Diese müssen die Ausgaben decken. Vereinfacht hat das Unternehmen nur drei Ausgaben. Die für die Beschaffung des Materials, die für die Bezahlung der Löhne und welche Material und Mensch nicht direkt zuzuweisen sind (plus).

Übersteigt die Summe der Einnahmen die Summe der Kosten (Mensch, Material, plus), macht das Unternehmen Gewinn. Übersteigt die Summe der Kosten (Mensch, Material, plus), die Summe der Einnahmen, macht das Unternehmen Verlust.

Um den Verlust zu vermeiden oder zu mildern, kann das Unternehmen grundsätzlich drei Wege einschlagen:

1. Mehr verkaufen zum gleichen Preis
2. Mehr erlösen, d.h. die Preise anheben oder
3. Kosten reduzieren

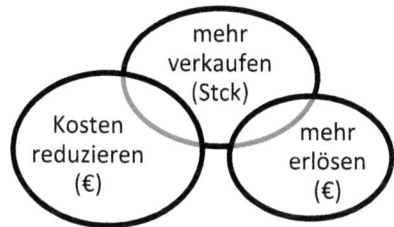

Lean Management im Einkauf und Beschaffung

Abbildung 64: Grundlagen des Verkaufens

Der Controller, schlau wie er ist, unterteilt die Kosten in fixe (die sowieso da sind und unabhängig davon, wieviel produziert wird) Kosten und variable (die sind proportional zu den produzierten Mengen) Kosten.

Das hat zur Folge:

1. Mehr verkaufen zum gleichen Preis => die variablen Kosten (wie Material, Arbeiter) steigen
2. Mehr erlösen, d.h. die Preise anheben => die Einnahmen nehmen zu bei gleichen Fixkosten (Mensch, Material, plus)
3. Kosten reduzieren => die Kosten (Mensch, Material, plus) nehmen ab, sowohl in den fixen und variablen Kosten

Postuliert man nach dem Porter Modell der Rivalität des Marktes, dass der Kunde preissensibel ist und der Wettbewerb „hungrig", so ist eine Preiserhöhung (Fall 1.) oder Verkaufsförderung (Fall 2.) in der Regel erschwert oder an den allgemein gültigen Marktpreis gebunden.

Postuliert man vereinfacht, dass jeder Unternehmer permanent das Bestreben nach dem optimalen preisgünstigen Produktionsablauf hat, so hat die Reduktion der variablen Kosten (Fall 3 – variable Kosten) geringe Aussicht auf Erfolg.

Folglich die Reduktion der Kosten insbesondere der Fixkosten hat eine hohe Aussicht auf Erfolg. Der Ansatz des Lean Managements gründet genau auf dieser Arbeitsrichtung. Mittels der Stellung des Mitarbeiters in den Mittelpunkt, der Orientierung des Unternehmens an der durch den Kunden bezahlten Wertschöpfung und der permanenten Verbesserung, führt es zur Reduktion der Fixkosten (Abbau der Hierarchien) und gruppenorientiertem Neu-Design am Ort der Leistungserstellung zur Reduktion der variablen Kosten.

Die alte Forderung von Harmon zum Lean Management lautet: Die Unternehmen müssen die Ressourcen auf die direkte Verbesserung konzentrieren, anstelle des Aufbaus eines Controlling und Berichts-

Definieren, aufzeigen und praxisgerecht umsetzen

wesens, dass einzig darauf ausgelegt ist, den Menschen zu kontrollieren und das Handeln vorzuschreiben. (Harmon, 1993, S. 60).

Heute unterstützt das Controlling die Lean Beschaffung aktiv und zeitnahe mittels:

- Planung der Umsätze, Kosten und Erträge
- Setzen der Zielkosten für die Bereiche der Beschaffung und Materialien
- Trennung der Kosten in allowable cost (erlaubte Kosten) und drifting cost (Kosten ohne Innovation, anfallende Standardkosten)
- Überwachung des Erreichens der Zielkosten im Bereich Beschaffung oder Abweichung
- Sowie proaktives Informieren und Analysieren der Kostenentwicklung.

Dafür herzlichen Dank.

Lean Management im Einkauf und Beschaffung

5. Die Zusammenfassung

Das vorgelegte Buch betrachtet systematisch und nachvollziehbar die Einführung und Umsetzung des Lean Managements in der Beschaffung.

Ziel und treibender Faktor der Einführung des Lean Managements in die Beschaffung sind die Freisetzung von Ressourcen, die Reduktion der Lagerflächen und der Fehler. Nachweislich weisen Unternehmen, welche das Lean Management Prinzip anwenden, eine um durchschnittlich 30 % verbesserte Nutzung aller Ressourcen (Mensch, Kapital, Zeit) auf.

Solche gewaltigen Kosteneinsparungen, begründet in Verschwendung und Komplexität, waren Motivation und Ansporn für den Autor, an einem Buch zum „Lean Management im Einkauf und Beschaffung" zu arbeiten. Nach der Durcharbeit des vorliegenden Buches kann der Leser die Verschwendungen der Beschaffung erkennen, aufzeigen und die Beschaffung in eine optimierte Lean Beschaffung anleiten.

Das Buch unterteilt sich in seinem Aufbau in fünf Kapitel. Das erste Kapitel dient der Einführung in das Problem und die Aufgabenstellung des Lean Managements sowie den Ausführungen über die methodische Vorgehensweise des Buchaufbaus, deren Abgrenzungen, die Ziele und Erwartungen an das Lean Management in der Beschaffung. Mit der Einführung des Lean Managements aus Japan erfolgt eine Neuorientierung der Unternehmen nach diesem einfachen, klaren Prinzip.

- Das Prinzip einer einzigen Frage:
  Wofür zahlt der Kunde oder bezahlt der Kunde für diesen Arbeitsschritt/ -prozess?

Das zweite Kapitel dient der Begriffsklärung. Hier werden dem Leser die Unterschiede des klassischen arbeitsteiligen tayloristischen Prinzips zum neuen Lean Management Ansatz aufgezeigt. Im Wesen gibt das Lean Management Prinzip ein neues Denken vor, weshalb zusätzlich auf die Voraussetzungen, die soziale Kompetenz der Mitarbeiter und der Unternehmensorganisation eingegangen wird. Mit dem Aufzeigen der anstehenden sichtbaren Veränderungen, bei-

Definieren, aufzeigen und praxisgerecht umsetzen

spielweise in der Ablauforganisation (Prozess), der Aufbauorganisation und der Beschaffungsstruktur, wird das Lean Management anschaulich und greifbar.

- Aufzeigen der Probleme am Punkt der Wertschöpfung (anstelle des Verdeckens der Probleme durch hilfsbereite Mitarbeiter)
- Reduktion der Arbeitsschritte in der Beschaffung
- Hoher Automatisierungsgrad in der Bestellung
- Verarbeitung kleiner und großer Stückzahlen sowie schnelles Rüsten
- Vertrauen ersetzt die Kontrolle

Zum Abschluss des Kapitels werden die entstehenden Zielkonflikte und präventiv die zu erwartenden Störfaktoren der betrieblichen Einführung vorbeugend ausgeführt.

Das folgende dritte Kapitel beschreibt den Weg der Einführung des Lean Managements und stellt den eigentlichen Erfolgsschlüssel dar. In dem Kapitel werden die Grundfragen des Lean Management an die Beschaffung diskutiert und strukturiert, wie beispielsweise:

- Was sind eigentlich die Kundenanforderungen an unseren Teilbereich/Arbeitsschritt?
- Was sind die notwendigen Qualitätsmerkmale aus Kundensicht (nächsten Empfänger)?
- Brauchen wir das, was wir im Arbeitsschritt tun?
- Bezahlt der Kunde für diesen Arbeitsschritt?
- Wenn wir es brauchen, warum müssen wir es selber machen?
- Warum vergeben wir es nicht nach extern?
- Unterstützend werden alle Anforderungen an die Umsetzung, wie
- die organisatorische Umsetzung
- die menschlichen Anforderungen der Umsetzung
- die motivatorischen Anforderungen einer Umsetzung
- und das Projektmanagement

strukturiert aufbereitet und ausführlich beschrieben, welche zur erfolgreichen und reibungslosen Einführung von Bedeutung sind. Dazu wurden mittels einer Literaturanalyse eine Vielzahl an bekannten

Lean Management im Einkauf und Beschaffung

Einflussfaktoren und Umsetzungswege recherchiert. Unabhängig von der aktuellen Unternehmensstrategie leiten die Ausführungen den Leser zu einer Konzentration auf den Beschaffungsprozess und dessen effiziente Leistungserbringung. Die Umsetzung des Lean Managements im Unternehmen sollte mit Hilfe der Methodik des Projektmanagements und einem freigestellten Projektleiter vollzogen werden.

Der praxisorientierte Schwerpunkt findet sich im eigentlichen vierten Kapitel, als Einführung und Ablauffolge für die Umstellung der Beschaffung auf ein Lean Management:

- Reduktion des Stäbe und Hierarchien in der Beschaffung
  a. Die Einführung der Einkaufsteams
  b. Die Schulung /Qualifikation der Einkäufer zu Lean Management
  c. Die Schulung /Qualifikation der Einkäufer zur Teamarbeit
- Überarbeitung und Ausbau des vorhanden EDV-Systems
  a. Umsetzung der Optimierung der Beschaffung inkl. einer hohen Automatisierung
  b. Pflege der Stammdaten
  c. Überwachung der Systemdaten mittels Plausibilitäten
- Vermeidung der Verschwendung
  a. In der Beschaffung/Einkauf
  b. Einführung des Kontinuierlichen Verbesserung Prozesses
- Prüfen der Eigenfertigung und des Fremdbezuges
  a. Ausbau des Outsourcing
  b. Reduktion der Anzahl Lieferanten und Teile
  c. Integration leistungsfähiger Lieferanten
  d. Nutzung von Lieferantenlösungen: Konsignation, JIT, Lieferantenläger, Baugruppen, usw.
- Mitarbeit an der Unternehmensaufgabe: Standardisierung der Produkte und Varianten

Das Kapitel vier setzt zwei Schwerpunkte. Zum einen die Nutzung, Überarbeitung und Ausbau des vorhandenen EDV Systems in Richtung einer optimierten, teilautomatisierten und automatisierten Beschaffung, welche im Sinne des Lean Management in der Beschaffung empfehlenswert ist und stellvertretend für die Nutzung des SAP

Definieren, aufzeigen und praxisgerecht umsetzen

R/3 Systems ausgeführt wird. Zusätzlich wurden die Notwendigkeiten und Maßnahmen zu einer Datenpflege und Überwachung der Daten mittels Plausibilitätsprüfungen ausgeführt.

Zum anderen die neue Lean Beschaffung, welche den Beschaffungsprozess (Bestellanforderung, Anfrage, Bestellung, Auftragsbestätigung, Überwachung, Mahnung, Lieferung) neu verteilt und besetzt. Die fünf Gruppen zum Lean Erfolg lauten:

- Die vollständig automatisierten Schritte
- Die schnellen teilautomatisierten Schritte
- Die vorbereitenden Schritte für die Anwendung der Automatisierung
- Die eigenen Kernarbeitsschritte des Einkaufs
- Die externen Schritte

Mit diesem Buch erhält der Leser einen Handlungsweg, welcher nicht allgemein das Lean Management beschreibt, sondern einen speziellen Lean Management Exkurs für die Beschaffung und den Einkauf. Das angestrebte Ziel des Buches, dem Leser einen praxisorientierten Weg in das Lean Management Beschaffen und Einkaufen zur Vermeidung der geschätzten Verschwendung von bis zu 30%, wurde erreicht.

Ich wünsche Ihnen viel Erfolg und Freude auf Ihrem neuen erfolgsversprechenden Weg zum Lean Management im Einkauf und der Beschaffung.

6. Die Verzeichnisse

6.1. Das Literaturverzeichnis

Arnold H., et.al. (1998). Materialwirtschaft und Einkauf. Wiesbaden: Gabler Verlag.

Bellaire, P. (2003). Analyse und Optimierung der Supply Chain eines mittelständischen Unternehmens der kunststoffverarbeitenden Industrie. Hamburg: Diplomica GmbH.

BME Mawi, E. L. (2008). Best Practice in Einkauf und Logistik. Wiesbaden: Gabler Verlag.

Bösenberg Dirk, M. H. (1993). Lean Management. Landsberg/ Lech: Verlag Moderne Industrie.

Brenner J. (2015): Lean Produktion. München. Hanser Fachbuchverlag.

Bruhn, M. (1999). Marketing. Wiesbaden: Gabler Verlag.

Büsch, M. (2007). Praxishandbuch für den strategischen Einkauf. Wiesbaden: Gabler Verlag.

Comp., D. &. (1998). Gewinne Einkaufen . Wiesbaden: Gabler Verlag.

Dahm M., et.al. (2014): Lean Management und Six Sigma. Berlin. Schmidt Erich Verlag.

Droege. (1998). Gewinne Einkaufen. Wiesbaden: Gabler Verlag.

Dittrich J., et. al. (2009). Dispositionsparameter in der Produktionsplanung mit SAP. Wiesbaden: Vieweg und Teubner.

Dittrich, W. (1985). Produktmerkmale und Logistikleistungen. Köln: Universität Köln.

Emmelhainz M., e. (1991). Consumer Responses to Retail Stockouts. (N. Y. Leonard N. Stern School of Business, Hrsg.) Journal of Retailing, 2, S. 138- 147.

Eversheim, W. (2002). Organisationsformen in der Produktionstechnik (Arbeitsvorbereitung). Berlin: Springer Verlag.

George M., et.al. (2015): Das Lean Six Sigma Toolbook. München. Vahlen Verlag.

Gorecki P., et.al. (2010): Lean Management. München. Hanser Fachbuchverlag.

Grosmann, M. (2007). Einkauf leicht gemacht. Heidelberg: Redline GmbH.

Grundlach C., et.al. (2015): Praxishandbuch Six Sigma. Ettlingen. Symposion Publishing.

Gudehus, T. (2006). Dynamische Disposition. Berlin: Springer Verlag.

Harry M. et.al (2001): Six Sigma. Frankfurt. Campus Verlag

Harmon, R. (1993). Das Management der Neuen Fabrik. Frankfurt: Campus Verlag.

Harting, D. (2005). Vorrats- und Bestandsmanagement schlank und modern. BA Beschaffung aktuell, Heft 6, 26.

Hartmann, H. (1999). Bestandsmanagement und -controlling. Gernsbach: Dt. Betriebswirte Verlag GmbH.

Hellberg, T. (2012). Praxishandbuch Einkaufen mit SAP ERP. Bonn: Galileo Press.

Helmke, Bjoern (2003): Wer auf Lager produziert, der verliert. Deutsche Verkehrs Zeitung (DVZ), Nr. 125, 18.10.2003.

Herten, H. (1987). Internationales Projektmanagement. Aachen: Fotodruck J. Mainz GmbH.

Hinterhuber, H. (2004): Strategische Unternehmungsführung. Berlin: de Gruyter Verlag.

Hofstede, G. J. (2005). Lokales Denken, globales Handeln. München: Deutscher Taschenbuch Verlag.

Hoppe, M. (2005). Bestandsoptimierung mit SAP. Bonn: Galileo Press.

Hoppe, M. (2008). Disposition mit SAP. Bonn: Galileo Verlag.

Lean Management im Einkauf und Beschaffung

Kaltenecker, S. (2015). Selbstorganisierte Teams führen. München: Dpunkt Verlag.

Jeske, Hartmut (2004): Kostensenkung und gleichzeitig Lagerbestand und Lieferfähigkeit verbessert - Bestandsführung mit künstlicher Intelligenz, Service today, Heft 6/2004, S. 48-50.

Knecht A. et.al. (2013): Six Sigma. Zürich. Versus Verlag.

Kroslid, D. et.al. (2003): Six Sigma, Münschen, Carl Hansen Verlag

Kürten, Frank (1999): SCM als strategischer Erfolgsfaktor Lagerbestand und Ressourcen intelligent mit EDV optimieren, LZ Lebensmittel Zeitung, Schwerpunkt EDV im Handel, Nr. 47, S. 61, 26.11.1999.

Laroque, Stefan, et.al. (2011): SAP R/3 Materialwirtschaft, München: Addison Wesley Verlag 2011.

Liebetruth, T. (2016). Prozessmanagement im Einkauf und Logistik. Berlin: Springer Verlag.

Logistik Heute (1999): Süchtig nach Perfektion - Höchste Lieferfähigkeit bei niedrigsten Vorräten und optimalen Kosten, o.V., Heft 11, 1999, S.16-19.

Magnusson K., et.al. (2001): Six Sigma umsetzen. München. Carl Hanser Verlag.

Morgenstern C. (2004): Quickguide Six Sigma. Kissingen. Weka Media GmbH

Meran R., et.al. (2014): Six Sigma + Lean Toolset. Berlin. Springer Verlag.

Müller R., (1994). Lean Management in der Praxis. St. Gallen: Gesellschaft für Management und Technologie.

Mahler D.,et. al. (2009). Abkehr von der Angebotsvielfalt: Der Erfolgsfaktor "SKU-Produktivität". Abgerufen am 2011. 02 14 von www.atkearney.de / A.T. Kearney GmbH: http://www.atkearney.de

Mass Steffen, et. al. (2014). Lean Management Worthülse oder Erfolgskonzept? Frankfurt: Fraunhofer Verlag.

Meyer, C. (1976). Betriebswirtschaftliche Kennzahlen und Kennzahlen-Systeme. Stuttgart: C. E. Poeschel Verlag.

Miller, L. M. (2010). Lean Team Management. Chicago: Miller Consulting.

Morquet, M. (1992). Umgang mit komplexen Problemen in Arbeitsgruppen. Konstanz: Hartung- Gorre Verlag.

Müller, P. R. (1994). Lean Management in der Praxis . St. Gallen: Gesellschaft für Management und Technologie.

o.V. (11.10.2005.). Vorräte auf dem Prüfstand. Deutsche Verkehrs Zeitung (DVZ), Nr. 121, .

Palupski, R. (2002). Management von Beschaffung, Produktion und Absatz. Wiesbaden: Th. Gabler Verlag.

Pautsch Peter, et. al. (2015). Lean Management. Hanser Fachbuch : Hamburg .

Pfneissl T. (2008): Strategisches Management in Unternehmensnetzwerken. Saarbrücken. Vdm Verlag Dr. Müller.

Rehbein, R. (2003): Mit Six Sigma zur Business Excellence, Erlangen: Publics Corporate Publisching

Pernicky, R. (April 1990). Die letzte Reserve. Manager Magazin, S. 256-271.

Pfeiffer Werner, et. al. (1992). Lean-Management: Grundlagen der Führung und Organisation industrieller Unternehmen. Berlin: Erich Schmidt Verlag.

Rehfeld, J. (1991). Japan I: Methoden die Sie nicht kennen.

Rüggeberg, Christian(2003): Supply Chain Management als Herausforderung für die Zukunft, Wiesbaden: Deutscher Universitäts-Verlag/GWV Fachverlage GmbH, 2003.

Schwalbach, Lutz. (2015). Liefertreue und Lieferpünktlichkeit. Norderstaedt: BoD Verlag.

Schwalbach, Lutz. (2015). Verbessern der Lieferzuverlässigkeit als Lean Management und Six Sigma Projekt, Norderstaedt: BoD Verlag.

Schwalbach, Lutz (2012): Auswahl, Auslistung und Eliminierung von Artikeln, BoD Verlag, Norderstädt, 2012

Schwalbach, Lutz (2012). Bestands- und Vorratssenkung. 2. Auflage, Norderstedt: BoD Verlag.

Schwalbach, Lutz (2006). Ein interkulturelles deutsch-indisches Projektteam, Norderstedt: BoD Verlag.

Seifert Josef, et. al. (1994). Mitarbeiter Gruppen - Kaizen erfolgreich einführen. Bremen: Gabal Verlag.

Seimert, W. (2010). Wissenschaftliche Arbeiten schreiben mit Microsoft Office Word 2010. Heidelberg: Hüthig Jehle Rehm GmbH.

Simon W. (1996): Die neue Qualität der Qualität, TQM und Kaizen. Bremen. Gabal Verlag

Sohn, K.-H. (1993). Lean Management -die Antwort der Unternehmer auf gesellschaftliche Herausforderungen. Düsseldorf: Econ Verlag.

Stollenwerk, A. (2016). Wertschöpfungsmanagement im Einkauf. Berlin: Springer Verlag.

Teeuwen B., et.al. (2011): 5 S – Die Erfolgsmethode zur Arbeitsplatzorganisation. Ansbach. Cetpm Institut Hochschule Anspach.

Thomsen, E.-H. (2014). Lean Management Arbeitsbuch. Bonn: Wissenschaft und Praxis Verlag.

Tuckman, B. (1965). Developmental sequences in small groups. Psychological Bulletin, 63, 348-399.

Urschitz C. (2014): Lean Management in der Gießereiindustrie. Saarbrücken. Akademiker Verlag.

Weber, R. (1992). Zeitgemässe Materialwirtschaftmit Lagerhaltung. Ehningen: Expert Verlag.

Weiß Enno, e. a. (2015). Lean Management Grundlagen der Führung und Organisation lernender Unternehmen. Berlin: Schmidt Erich Verlag.

Weuster, A. (1999). Unternehmensorganisation. München: Rainer Hampp Verlag.

Wildemann, H. (1993). Lean Management. Frankfurt: FAZ Wirtschaftsbücher.

Winter, W. (2005). Wissenschaftliche Arbeiten schreiben. Frankfurt: Redline Wirtschaft.

Wittig K. (2004): Qualitätsmanagement in der Praxis. Stuttgart. B. G. Teubner Verlag

Woehrle, T. (2005). Cleveres Bestandsmanagement verhindert den Bullwhip-Effekt. Deutsche Verkehrs Zeitung (DVZ), Nr. 035.

Zamani-Achtiani, Y. (2009). Efficient Consumer Response. Abgerufen am 22. März 2011 von Efficient Consumer Response (SBWL-Seminar): Http://www.grind.de

Zollondz, H. D. (2013). Grundlagen Lean Management. Oldenburg: Oldenburg Verlag.

6.2. Das Abbildungsverzeichnis

Abbildung 1: Drei Schlüsselwörter 7
Abbildung 2: Die Summe der Prozesszeiten 9
Abbildung 3: Der Sinn eines Unternehmens 9
Abbildung 4: Der Zwang zur Kostenreduktion 10
Abbildung 5: Die vier Drachen der Verschwendung 11
Abbildung 6: Das Prinzip einer Frage. 14
Abbildung 7: Beitrag des Lean Managements am Erfolg 15
Abbildung 8: Der Aufbau des Buches 17
Abbildung 9: Entwicklung des Prinzips der Arbeitsteilung 21
Abbildung 10: Die Problem des Taylor Prinzip 21
Abbildung 11: Das Lean Management Prinzip 22
Abbildung 12: Die Verschwendungsarten TIMWOOD 23
Abbildung 13: Die Merkmale eines Lean Prozesses 24
Abbildung 14: Bekannte Lean Methoden und Workshops 25
Abbildung 15: Lean Voraussetzungen schaffen 28
Abbildung 16: Die Lean Management Verbindungen 30

Abbildung 17: Die Konflikte im Lean Management 32
Abbildung 18: Das Neuland des Lean Denken 33
Abbildung 19: Die Entrümplung des Unternehmens 34
Abbildung 20: Die Störmotive des mittleren Managements 34
Abbildung 21: Die Störfaktoren im Unternehmen 35
Abbildung 22: Die Mythen im Unternehmen 36
Abbildung 23: Ordnung der Lean Management Merkmale 37
Abbildung 24: Projektphasen des Lean Management 39
Abbildung 25: Die strukturelle Gliederung der Teilprojekte 40
Abbildung 26: Die Leitfragen des Lean Management 42
Abbildung 27: Persönlich ungeeignete Lean Mitglieder 45
Abbildung 28: Teamarbeit verbindet Denken und Handeln 52
Abbildung 29: Viele Lean Teams 53
Abbildung 30: Vorteile des Lean Management 54
Abbildung 31: Lean Veränderungen der Aufbauorganisation 55
Abbildung 32: Sichtbare Veränderungen der Ablauforganisation ... 55
Abbildung 33: Sichtbare Veränderungen der Beschaffungsstruktur 56
Abbildung 34: Das Projektmanagement 57
Abbildung 35: Der Projektmanager 57
Abbildung 36: Der Ablaufplan zum Lean Management 61
Abbildung 37: Organigramm Einkauf 64
Abbildung 38: Organisation des Lean Management Einkaufs 65
Abbildung 39: Gaußsche Normalverteilung der Entgelt Gruppen ... 66
Abbildung 40: Die tatsächliche Verteilung der Entgelt Gruppen 67
Abbildung 41: Reduktion der Hierarchien 68
Abbildung 42: Schulungen der Lean Team Mitglieder 69
Abbildung 43: Die Team Ausprägungen 70
Abbildung 44: Die Team Bildung 71
Abbildung 45: Die Bausteine der Qualifizierung 72
Abbildung 46: EDV Automatisierungen in der Beschaffung 74

Abbildung 47: Nicht Lean EDV Automatisierungen 77
Abbildung 48: Sicherer EDV Betrieb 79
Abbildung 49: Umgang mit nicht Einkaufstätigkeiten 84
Abbildung 50: Der einfache Beschaffungsvorgang 86
Abbildung 51: Die fünf Schritte der Lean Beschaffung 110
Abbildung 52: Das Schaubild der Materialklassen 110
Abbildung 53: Das Schaubild der Lagerklassen 110
Abbildung 54: Die zur Analyse angewendeten Werkzeuge 113
Abbildung 55: Die neu Lean Beschaffung als Swimlane Diag. 113
Abbildung 56: Der neue Lean Ablauf nach Materialgruppen 115
Abbildung 57: Der neue Lean Ablauf nach Lagerklassen 116
Abbildung 58: Das interne Einkaufsportfolio (ohne Extern) 117
Abbildung 59: Vorübergehende Lean Ablauforganisation 118
Abbildung 60: Der Umgang mit Störungen 120
Abbildung 61: Reduktion der Anzahl Lieferanten 122
Abbildung 62: Reduktion der Anzahl Teile 123
Abbildung 63: Der schnelle Ablaufplan zum Lean Management .. 125
Abbildung 64: Grundlagen des Verkaufens 126

6.3. Das Tabellenverzeichnis

Tabelle 1: Anforderungen an die Projekt Mitglieder 44
Tabelle 2: Die Lean Six Sigma Werkzeuge 47
Tabelle 3: Die Lean Werkzeuge Kiste 48
Tabelle 4: Das vorläufige Lean Arbeitsdokument 50
Tabelle 5: Das Arbeitsblatt zum Lean Management 51
Tabelle 6: Der Umsetzungsplan als morphologischer Kasten 59
Tabelle 7: Die EDV Plausibilitätsprüfungen 82
Tabelle 8: Die Prozessschritte der Beschaffung 88

Tabelle 9: Die Merkmalsausprägungen nach den Lean Gruppen 90
Tabelle 10: Das Diskussionsschema des Prozessschritt Empfang der Bestellanforderung 91
Tabelle 11: Das Diskussionsschema des Prozessschritt Anfragen erstellen 92
Tabelle 12: Das Diskussionsschema des Prozessschritts Angebotsvergleiche 94
Tabelle 13: Das Diskussionsschema des Prozessschritts Ermittlung der Bezugsquelle inkl. Kontrakte 95
Tabelle 14: Das Diskussionsschema des Prozessschritts Bestellung schreiben 97
Tabelle 15: Das Diskussionsschema des Prozessschritts Bestellung senden 98
Tabelle 16: Das Diskussionsschema des Prozessschritts Auftragsbestätigung prüfen und erfassen 99
Tabelle 17: Das Diskussionsschema des Prozessschritts Änderungsmitteilungen an Lieferanten 101
Tabelle 18: Das Diskussionsschema des Prozessschritts Bestellüberwachung 102
Tabelle 19: Das Diskussionsschema des Prozessschritts Lieferung und Wareneingang 104
Tabelle 20: Das Diskussionsschema des Prozessschritts Rechnungsprüfung 105
Tabelle 21: Das Diskussionsschema des Prozessschritts Zahlungsfreigabe 107
Tabelle 22: Zusammenstellung der Lean Lösungen der Arbeitsschritte x_n 112

Definieren, aufzeigen und praxisgerecht umsetzen

6.4. Die Abkürzungen

AB Auftragsbestätigung	BANF Bestellanforderung
Ca. circa	DMAIC define, measure, analyse, improve, control
EK Einkauf	EDI elektronische Datenübermittlung
Ggf. gegebenenfalls	JIT Just-in-Time
Lt. laut	Lfd. laufend
NB Normalbestellung	u.a. unter anderem
Op. operativ	Strat. strategisch

Lean Management im Einkauf und Beschaffung

Ich wünsche Ihnen viel Erfolg.

Raum für Notizen:

Definieren, aufzeigen und praxisgerecht umsetzen

Momente des Lebens:

... Diana, Bob und Lutz (2016)

……………………………………………………………….
……………………………………………………………….
……………………………………………………………….
……………………………………………………………….
……………………………………………………………….
……………………………………………………………….
……………………………………………………………….
………… …………………………………………………...…
……………………………………………………………….
……………………………………………………………….
……………………………………………………………….
……………………………………………………………….
……………………………………………………………….
……………………………………………………………….
……………………………………………………………….
……………………………………………………………….
……………………………………………………………….